내재가치로 고르는 좋은 주식 나쁜 주식

김 헌 • 이 원 선 지음

한국경제신문

Copyright © 2002, 김헌 · 이원선

이 책은 한국경제신문 한경BP가 발행한 것으로
본사의 허락없이 임의로 이 책의 일부 혹은
전체를 복사하거나 전재하는 행위를 금합니다.

머 리 말

기업은 여러 가지로 표현된다. 이름으로, 업종으로, 주가로. 요즈음은 CEO가 그 기업을 대표하기도 한다. 복잡하고 다양한 것이 기업이다. 더욱이 기업 외부에서 이를 평가하고 선택해야 하는 투자자에게는 알수록 알 수 없는 것이기도 하다. 그러나 아무리 복잡해도 원칙은 있다. 바로 기본에 충실하는 것이다. 주변의 좋은 평판도 미래의 장미빛 전망도 내재가치가 전제되지 않는 기업평가란 한낱 공허한 메아리일 뿐이다. 기업의 내재가치를 평가하는 작업은 재무제표에 대한 이해에서 시작한다.

　이 책은 전문지식이 없더라도 재무제표를 쉽게 이해하고 활용할 수 있도록 하자는 의도에서 만들었다. 특히 주식투자를 하면서 기업내용을 좀더 자세하게 알려고 하는 일반투자자를 대상으로 했다. 내재가치 중심의 투자가 이루어질 수 있도록 재무제표를 통한 기업가치

평가방법을 소개하는 데 힘썼다.

  1장은 기본적 분석도구로서의 재무제표에 대한 소개이고, 2장부터 5장까지는 기본재무제표로서의 손익계산서, 대차대조표, 이익잉여금처분계산서, 현금흐름표에 대해 설명했다. 6장과 7장에서는 연결재무제표와 기업집단결합재무제표를 소개했고, 8장부터 10장까지는 금융업 재무제표의 특성, 주석과 주기, 부속명세서 등 재무제표의 보조적 도구를 설명했다. 11장과 12장에는 내재가치 분석도구로서의 재무비율 분석, 그리고 마지막으로 주가관련비율을 소개했다.

  1~3장과 11~12장은 김헌이, 4장~10장까지는 이원선이 맡아 집필했음을 아울러 밝혀둔다.

  탄생은 기쁨이다. 고통이 수반된 탄생일수록 그 기쁨은 더욱 크다. 아직 봄 햇살을 만끽하기에 이른 때이지만 새 책을 가지고 독자를 만난다는 흥분으로 저자들은 한껏 부풀어오르고 있다. 부족하나마 최선을 다한 만큼 독자들의 이해와 격려를 기대한다.

  이 책을 만들면서 직장 동료들과 주위 분들에게 갚을 길 없는 신세를 많이 졌다. 책을 내고 해야 할 걱정이 하나 더 늘어난 셈이다. 특히 자식 걱정에 편한 날이 없는 부모님, 사랑하는 아내 강미희와 늘 아빠 들어오는 시간을 물으며 저희들끼리 보내는 시간이 많은 두 딸 수진과 문경에게 더할 수 없는 미안함과 고마움을 전한다.

2002년 2월

이 원 선

■ 차 례 ■

- 머리말 / 3

제1장 주식의 내재가치는 기본적 분석으로

종목 선정의 기본은 내재가치	13
내재가치는 여기서 … 재무제표	15
기업활동과 재무제표의 관계	18
재무제표를 볼 수 있는 곳	21
감사의견은 무엇을 말하나	23

제2장 한 해 농사 성적표 … 손익계산서

수익을 얼마나 어떻게 올리나…손익계산서	27
경영활동의 최종결과…당기순이익	29
1주의 이익…주당순이익	31

주가는 수익의 몇 배?…주가수익비율	35
국가도 나누어주고…법인세비용	39
어쩌다 생긴 일…특별손익	42
일상적인 일…영업외손익	45
영업활동비…판매관리비	51
재산인가 비용인가…자본적 지출과 수익적 지출	54
매수 및 제조에 들어간 돈…매출원가	56
다시 정리하자…점검	57
손익상황의 허점…손익계산서의 한계	59
손익계산서 양식	60

제3장 재산은 많은가…대차대조표

재산=빚과 밑천…대차대조표	65
기업의 밑천…자본	68
밑천이 새끼친 돈…자본잉여금	70
벌어서 모아둔 돈…이익잉여금	72
자본거래이지만 잘 모를 때…자본조정	73
빚…부채	77
빨리 갚아야 하는 빚…유동부채	78
천천히 갚아도 되는 빚…고정부채	80
회사 재산…자산	82
현금으로 빨리 바꿀 수 있는 자산…유동자산	84
현금으로 바꾸는 데 시간이 걸리는 자산…고정자산	86
자산의 비용과 채권손실 대비…감가상각과 대손상각	89
재무상황의 허점…대차대조표의 한계	91

| 재산과 이익 조작···분식결산 | 92 |
| 대차대조표 양식 | 97 |

제4장 주주와 회사의 이익 나누기···이익잉여금처분계산서

배당과 유보금의 처분···이익잉여금처분계산서의 정의	101
잉여금 재원 1···처분전이익잉여금	104
잉여금 재원 2···임의적립금이입액	109
주주와 회사의 나누어먹기···이익잉여금처분과 결손금처리	110
이익잉여금처분계산서와 결손금처리계산서 양식	114

제5장 현금이 최고다···현금흐름표

현금은 어떻게 드나들었나···현금흐름표의 정의	119
현금흐름은 무엇을 말하나···현금흐름표 정보의 유용성	121
「현찰」만이 현금은 아니다···현금흐름표의 「현금」	123
기업활동과 현금흐름···현금흐름의 구분	125
현금흐름표의 형식	129
현금흐름표에서 챙겨보아야 할 사항들	131
현금흐름표 관련 재무비율	135

제6장 식구들 모여라···연결재무제표

| 식구들 모여라···연결재무제표의 정의 | 141 |

누가 식구인가…연결범위	144
누가 세대주인가…연결재무제표의 작성주체	146
식구들 재산의 의미…연결재무제표의 성격	147
식구들 재산과 성격…연결재무제표의 종류	148
식구들 재산을 모아 무엇에 쓰나…연결재무제표의 유용성	151
식구들 재산이 모두 내 것일까…연결재무제표의 한계	153

제7장 모두 모두 모여라…기업집단결합재무제표

친척들도 모여라…기업집단결합재무제표의 정의	157
친척들의 이점…결합재무제표의 효용	158
친척들의 허점…결합재무제표의 한계	159
누가 친척인가…결합대상 기업집단의 범위와 작성주체	160
친척들의 상태와 성과…결합재무제표의 종류	160

제8장 금융기관은 뭐가 다른가…특수 업종의 재무제표

업종 특성이 복잡하게 한다	165
은 행 업	166
증 권 업	168
보 험 업	170
종합금융업과 상호신용금고업·리스업	172

제9장 뭔가 부족할 때…주석과 주기

뭔가 부족할 때…주석과 주기   177
재산에서 조금 의심이 들면…대차대조표의 주석사항   178
그 밖의 의심은…
   손익계산서 · 이익잉여금처분계산서 · 현금흐름표의 주석   181
그래도 미진하면…보충적 주석사항   182

제10장 좀더 자세히 알려면…부속명세서

좀더 자세히 알려면…부속명세서의 정의   187
꼭 작성해야 하는 명세서…필수적 부속명세서   188
필요하면 만드는 명세서…임의적 부속명세서   192

제11장 내재가치 분석

내재가치는…도입   195
이익은 짭짤한가…수익성 분석   198
잘 크나…성장성 분석   212
튼튼한가…안정성 분석   221
왕성하게 움직이나…활동성 분석   233
들어간 것보다 많이 나오나…생산성 분석   240
내재가치 분석의 활용과 한계   243

제12장 주가관련비율

주가, 제 대접 받고 있나…주가와 내재가치의 비교	247
1주의 청산가치…주당 장부가치	248
1주의 부동산가치…주당 유형장부가치	249
1주의 매출실적…주가매출액비율	250
밑천에 대한 수익…자기자본수익률	252
영업으로 늘어난 가치…경제적 부가가치	256
기업가치와 영업현금흐름…FB/EBITDA	258
배당은 짭짤한가…배당수익률	260
내재가치로 좋은 주식을 선별하는 방법	266
돈이 되는 투자 방법	268

- 이 책을 읽는 독자에게 / 271

- 찾아보기 / 275

제1장 주식의 내재가치는 기본적 분석으로

- 종목 선정의 기본은 내재가치
- 내재가치는 여기서…재무제표
- 기업활동과 재무제표의 관계
- 재무제표를 볼 수 있는 곳
- 감사의견은 무엇을 말하나

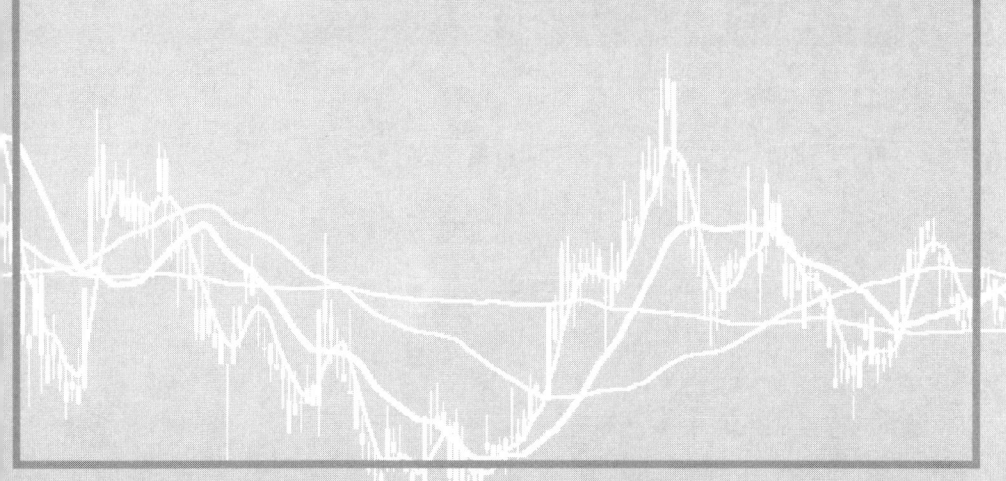

주가는 주식의 내재가치에
꿈이 가세하면서 살아 움직인다.
내재가치가 주가 수준을 결정한다.
꿈은 주가 변화를 이끈다. 그런데 내가
아닌 다른 사람이 꿈을 꾸어야 한다는 것이
투자를 어렵게 한다. 내가 할 수 있는 것은
내재가치를 철저히 분석하는 일뿐이다.

종목 선정의 기본은 내재가치

　주식투자는 두 가지만 잘 하면 성공한다. 즉 종목선정과 매매시점 파악이다. 오를 수 있는 종목을 사서 떨어지기 전에 팔면 누구든지 돈을 벌 수 있다. 강세장이든 약세장이든 또는 횡보장이든 관계가 없다. 강세장이라고 모든 주식이 오르는 것은 아니다. 아울러 약세장이라고 줄줄이 밀리지도 않는다. 횡보장 또한 모두 기어가지는 않는다. 따라서 종목선정, 그리고 매매시점 파악이 성공투자의 열쇠가 된다.
　흔히 투자종목은 기본적 분석에 따라 선정한다. 매매시점은 기술적 분석을 통해 파악한다. 주가는 기본적으로 내재가치에 따라 좌우된다는 것이 기본적 분석의 전제다.
　반면에 기술적 분석은 주식 거래량 등의 모양을 살펴보고 주가 방향을 점치는 방법이다. 따라서 어떤 상황이 좀더 유리한지는 판가름하기 어렵다. 두 분석 중 어느 하나가 늘 우세하다는 결과는 없기 때문이다.
　기본적 분석이나 기술적 분석을 가지고도 주가를 정확하게 예측할 수 없다는 주장도 있다. 이것이 곧 랜덤워크 이론이다. 즉 장기적인 측면에서 어떤 방법을 사용하더라도 주가를 예측할 수 없다는 것이다. 그만큼 시장은 모든 정보를 즉각 수용할 수 있을 정도로 효율적이라는 의미가 된다. 그래도 장기적으로 주가는 내재가치에 따라 움직인다는 데 이의를 제기하는 사람은 없다. 다시 말해 기본적 분석이야 말로 종목 선정의 최우선적인 방법이라는 뜻이다.

　기본적 분석은 기업의 가치를 파악하는 데 초점을 맞추고 있다. 그렇다면 기업 가치는 무엇으로 측정될 수 있는가. 이는 먼저 이익을 가장 중요시하고 있다. 이익이 늘어난다는 기대만으로도 주가는 일단 오른다.

　그렇다고 이익이 기업 가치의 절대기준이라는 의미는 아니다. 이익이 많아도 주가가 낮거나 변화가 없는 경우가 있기 때문이다. 경기 침체로 이익이 저조할 때는 또 다른 가치를 찾는 게 주식 시장의 생리다. 자산가치나 현금흐름 등 내재가치를 결정하는 요소들은 헤아릴 수 없이 많다. 여기서 기업들의 재무제표를 이해할 필요성이 중요하게 떠오른다.

　주식 시장에서 거래되고 있는 주식의 가격은 수요와 공급에 따라 결정된다. 사자는 세력과 팔자는 세력이 각각 제시한 가격이 서로 일치하면, 이 균형점이 바로 주가가 된다. 즉 같은 주식을 놓고 정반대 입장인 매수세력과 매도세력이 형성된다는 사실이다. 그 이유로는 여러 가지가 있겠지만 미래에 대한 시각이 서로 다르다는 차이점이 바로 매매를 촉발시키는 근본 원인이라고 할 수 있다. 투자자 나름대로 미래를 점쳐보고 기대와 우려가 각각 매수와 매도를 유발한다고 풀이할 수 있다. 어느 누구도 앞날이 어떻게 펼쳐질지는 알 수 없다. 그러나 적어도 현재 상황이 좋다면 미래도 좋다고 볼 수 있다. 여기서 주가의 초석이 되는 재무제표 분석이 요구된다.

내재가치는 여기서 … 재무제표

　결산 시즌(매년 2월부터 3월 말까지) 때 신문을 보면 온통 결산공고로 광고면이 꽉 들어찬다. 3월 말이 되면 결산공고만을 따로 별지로 만든 신문을 볼 수도 있다. 이것이 곧 각 회사의 대차대조표들이다. 주식회사는 반드시 결산공고를 하도록 법으로 규정되어 있기 때문이다.
　신문에 등장하는 대차대조표는 기업의 대표적인 재무제표의 하나다. 신문에 공고는 되지 않지만 손익계산서, 이익잉여금처분계산서, 현금흐름표 등도 대차대조표와 함께 재무제표에 포함된다.
　재무제표는 기업 재무에 관한 표다. 한 마디로 재무에 관한 보고서다. 이러한 재무제표는 기업의 재무상태, 경영성과, 재무 상태 변동에 관한 정보를 담고 있다.
　재무제표에 담긴 정보는 기업의 미래 현금 창출 능력을 평가하는데 유용하다. 즉 수익을 통해 앞으로 현금을 얼마나 만들어낼 수 있는지를 보여주는 것이다. 따라서 투자자라면 당연히 살펴보아야 할 아주 중요한 자료가 된다. 그렇다고 단순히 재무제표를 본다고 이러한 평가가 가능한 것은 아니다. 먼저 재무제표를 이해한 다음 이를 분석할 수 있는 능력을 갖추어야 한다.
　대차대조표는 재무상태에 관한 정보를 담고 있다. 자산이 얼마이고 부채와 자본은 또 얼마인지를 보여준다.

손익계산서는 기업의 경영성과, 특히 수익에 관한 정보를 제공한다. 당기순이익이라든가 영업이익 등을 일목요연하게 보여준다.

현금흐름표에는 재무상태 변동에 관한 정보가 담겨 있다. 즉 현금이 어떻게 흘러들어와 어떻게 나갔는지를 알 수 있게 한다.

이익잉여금처분계산서는 당기 순이익을 어떻게 처분했는지를 보여준다. 즉 주주에게 얼마를 지불하고 회사는 이익을 얼마나 남겼는지를 알 수 있다. 이익이 아닌 손실이 발생하면 이익잉여금처분계산서는 결손금처리계산서로 변한다.

이러한 재무제표는 동일한 거래나 사건을 다른 시각으로 보면서 서로 다른 정보를 제공하고 있다. 그러나 이들의 상호관계는 매우 밀접하다. 하지만 어느 하나만으로는 필요한 정보를 얻을 수 없다. 따라서 재무제표 전체를 한꺼번에 이해할 필요가 있다.

이러한 재무제표는 경영자가 작성해 주주총회 의결을 거쳐 발표된다. 물론 이사회 의결을 거치고 내부 감사나 감사위원회의 승인도 받는다. 여기에 재무제표의 신뢰성을 더욱 높이기 위해 외부감사를 받는다.

이러한 외부감사는 공인회계사들이 맡는다. 이들은 회사가 작성한 재무제표가 회계기준을 잘 준수했는지를 판단한다. 그러나 문제는 공인회계사가 감사를 한 재무제표와 경영자가 작성한 재무제표가 서로 다를 수 있다는 데서 생겨난다. 물론 외부감사 결과와 기업이 작성한 것이 같으면 아무런 문제도 없다. 틀리더라도 감사받은 재무제표를 경영자가 받아들이면 쉬워진다. 그리고 나서 곧 주주총회에서 이를 처리하면 된다.

그러나 경영자가 외부감사 결과를 받아들이지 않을 경우 문제는 달라진다. 주주총회에서는 회사가 작성한 재무제표를 승인한다. 이는 외부감사 결과와는 관계가 없다. 그런데 공개기업의 경우는 배당 등을 결정할 때는 외부감사를 받은 재무제표를 기준으로 하도록 강제하고 있다.

이는 기업이 작성한 재무제표를 승인하더라도 배당을 할 때는 감사를 받은 재무제표를 근거로 해야 한다는 뜻이다. 따라서 금융기관이 기업에 돈을 빌려줄 때는 외부감사를 받은 재무제표를 요구하고 있다. 재무제표를 살펴보는 투자자들은 반드시 감사 결과를 확인할 필요가 있다.

재무제표는 일반적으로 1년에 한 번 작성된다.

하지만 상장기업이나 코스닥기업의 경우는 분기별로 발표를 해야 한다. 즉 3개월에 한 번씩 기업 상황을 투자자들한테 알려야 한다.

나아가 정부는 이를 바탕으로 분기별 배당제도를 도입하려 하고 있다.

현재 배당은 1년 또는 회계연도 중에 한 번 할 수 있다. 그러나 분기별 배당제도가 도입되면 주주는 3개월마다 현금을 만질 수 있는 기회가 주어진다. 이는 장기 투자를 이끌어내려는 목적이다.

따라서 주식투자자에게 재무제표의 중요성은 한층 더 높아질 것으로 보인다.

기업활동과 재무제표의 관계

　기업의 목적은 이익이다. 이익을 내기 위해 기업은 다양한 활동을 하게 된다. 특히 기업은 자금을 모아야 한다. 이를 좀더 어렵게 표현하면 재무활동이라고 한다. 그리고 돈을 모은 만큼 공장 등 자산을 사야 하는데, 이는 곧 투자활동이 된다. 또 생산된 물건을 팔아야 하는데, 이는 곧 영업활동이다. 이처럼 기업 활동은 크게 재무활동, 투자활동, 영업활동 등으로 구분해 볼 수 있다.

　재무활동은 설립자금 조달은 물론 자본금을 늘리거나 배당을 주는 행위를 말한다. 그런가 하면 간접자본인 차입금 조달과 상환 행위도 포함된다. 재무활동의 결과는 대차대조표의 자본금 및 부채의 증감으로 나타난다.

기업 활동과 재무제표의 관계

대차대조표	자산 : 투자활동의 결과
	부채 : 재무활동의 결과
	자본 ┌ 납입자본과 자본잉여금 : 재무활동의 결과
	└ 이익잉여금 : 영업활동 결과중 재투자분
손익계산서	영업활동 결과인 이익의 발생 원인
이익잉여금처분계산서	영업활동 결과 처분
현금흐름표	기업활동별 현금 유출입 현황

투자활동은 기업이 재화나 용역을 생산하거나 판매에 필요한 여러 가지 자산을 취득하는 행위를 말한다. 자산을 처분하는 행위도 투자활동에 들어간다. 대차대조표의 자산 증감이 곧 투자활동의 결과다.

영업활동은 원재료 구입, 제품의 생산과 판매, 대금 회수 등을 말한다. 예를 들면 종업원 급여지급과 같은 판매관리비 처리와 정부에 대한 세금납부 등도 영업활동이다. 영업활동의 결과인 이익은 손익계산서에 잘 나타난다. 아울러 이익은 이익잉여금처분계산서에 따라 주주에 대한 배당과 내부 유보금으로 나누어진다.

이러한 세 가지 활동을 통해 현금으로 주고받는 것만 골라내 만들어지는 재무제표가 바로 현금흐름표다.

현금흐름표와 기업 상황 분석

현금흐름표의 세 가지 활동별 현금흐름을 동시에 살펴보면 회사 상황에 대해 빨리 이해할 수 있다. 다음의 표에서처럼 현금흐름의 여덟 가지 패턴을 통해 회사의 상황을 판단해 볼 수 있다.

장기간 기업이 성장하기 위해서는 영업활동으로부터 현금이 창출되어야 한다. 1번부터 4번까지 살펴보면 일반적인 회사의 현금 흐름은 2번 패턴이다. 영업을 통해 거둔 현금으로 자산도 사고 빚도 갚기 때문이다. 성장기업은 6번 패턴을 보인다. 자산 매수는 물론 영업에 부족한 현금을 외부에서 조달한다. 기업들은 대부분 2번, 4번, 6번 패턴 중 하나에 속한다.

번호	영업	투자	재무	회사 상황
1	+	+	+	기업의 모든 활동부문에서 거둔 현금으로 기업을 인수하려는 회사(유동성이 매우 높다)
2	+	−	−	영업활동으로부터 거둔 현금으로 빚을 갚고 배당도 하는 회사
3	+	+	−	영업활동과 자산 매각으로 거둔 현금으로 빚을 갚거나 배당을 하는 회사
4	+	−	+	영업과 외부조달로 생긴 현금으로 확장을 하려는 회사
5	−	+	+	고정자산 매각대금과 외부조달자금으로 영업자금을 마련하는 회사
6	−	−	+	외부에서 조달한 자금으로 영업자금으로 쓰고 자산을 매수하는 회사(성장성이 매우 높다)
7	−	+	−	고정자산 매각을 통해 영업자금으로 쓰고 빚을 갚거나 배당을 하는 회사
8	−	−	−	보유현금을 영업자금으로 쓰거나 차입금상환 배당 등을 하는 회사

자료: Michael T. Dugan 외, 「현금흐름표의 교훈」, *Journal of Accounting Education*, Vol 9, 1991, p. 36.

재무제표를 볼 수 있는 곳

　투자자들이 쉽게 접근할 수 있는 재무제표는 대차대조표다. 주주총회가 끝나면 신문에 실리기 때문이다. 그러나 회사마다 대차대조표를 공고하는 신문이 다르다. 따라서 일일이 찾아보기가 어렵다. 물론 주주로서 주주총회에 참석하면 재무제표 전부를 쉽게 손에 넣을 수 있다.

　이는 이미 투자한 기업에 한정된다. 특히 개인투자자들은 대체로 주주총회에 대한 관심이 적은 편이기에 쉬운 일이 아니다. 무엇보다도 투자하려고 하는 기업의 재무제표 접근 방법에 대해 아는 사람은 많지 않다.

　재무제표에 접근하는 아주 쉬운 방법이 있다. 즉 정보통신 시대에 걸맞게 인터넷을 이용하면 된다. 금융감독원의 홈페이지(www.fss.or.kr)나 증권거래소의 홈페이지(www.kse.or.kr)에 들어가면 기업들의 재무제표를 쉽게 열람해 볼 수 있다. 이는 1999년 3월부터 시작된 전자공시제도에 따라 가능해졌다.

　전자공시제도에 따라 공시 의무가 있는 기업은 인터넷을 통해 관련자료를 금융감독원에 접수시킨다. 그러면 금융감독원은 이를 검토한 후 바로 인터넷에 올린다.

　이 제도가 시행되면서 공시정보에 대한 접근속도가 빨라졌다. 그러나 아직은 시행 초기인 탓에 과거의 결산보고서를 열람하기까지는 많은 시간이 흘러야 할 것이다.

컴퓨터 단말기 화면을 싫어하는 사람은 발품을 팔면 된다. 먼저 금융감독원 공시실을 방문한다. 거기에는 외부감사를 받아야 하는 기업(자본금 70억원 이상인 주식회사)의 재무제표가 모두 비치되어 있다. 상장기업이든 코스닥기업이든 비상장기업이든 구분하지 않는다. 감사보고서는 물론 사업보고서, 유가증권신고서, 합병보고서, 대주주 주식보유현황 등 모든 공시서류를 열람할 수 있다.

한국공인회계사회 공시실을 이용해도 된다. 그러나 그곳에는 감사보고서만 있을 뿐 그 밖의 공시서류는 없다.

현재는 사업보고서, 반기보고서, 분기보고서 등은 모두 전자공시로만 보고하게 되어 있다. 따라서 여기서도 컴퓨터 단말기를 통해 찾아보아야 한다.

상장기업이라면 증권거래소와 상장협의회가 운영하는 공시실을 이용해도 된다. 또 코스닥기업이면 증권업협회 공시실에서 재무제표를 찾아볼 수 있다. 하지만 최근 3년 간의 정보만 조회해 볼 수 있다.

증권사들이 1년에 두 번 발간하는 상장기업이나 코스닥기업 현황을 담은 《상장기업 및 코스닥기업 분석》이라는 책을 이용할 수도 있겠다.

이 책은 매우 요약되어 있으나 주가동향을 비롯해 회사 상황 및 각종 경영비율 등 다양한 정보를 담고 있다.

주식투자자라면 한 권 정도 곁에 두고 활용하면 도움이 된다.

감사의견은 무엇을 말하나

　기업들의 결산공고를 보면 감사의견이 꼭 따라붙는다. 즉 이는 대차대조표 밑에 감사의견이라는 항목으로 나타난다. **감사의견**이란 외부감사인이 재무제표를 감사한 후 표명한 의견이다. 달리 말하면, 감사의견은 기업이 작성한 재무제표가 회계정보로서의 적절한 가치를 지니고 있는지에 대한 판가름이라고 할 수 있다.

　흔히 재무제표를 기업의 건강진단서라고 한다. 따라서 외부감사인은 재무제표를 가리켜 그 기업이 얼마나 건강한가를 판가름하는 의사라고도 한다. 감사의견에는 적정, 한정, 부적정, 의견거절 등 네 가지가 있다.

　적정의견은 재무제표가 정상적이라는 뜻이다. 이는 곧 회계처리 방법과 표기가 기업회계기준에 일치한다는 의미이기도 하다. 아울러 재무제표에 중요한 영향을 미칠 수 있는 어떤 특이 사항도 없다는 것을 시사한다.

　또 감사범위도 제한을 받지 않았음을 뜻한다. 하지만 중요한 점은 적정이라고 해도 기업의 재무구조가 건전하다는 의미는 결코 아니라는 것이다. 이는 단지 회계처리와 표기가 적정하다는 의미일 뿐이다. 즉 적정의견을 받은 기업이라도 부도가 날 수 있다는 말이다. 신체검사에서 정상이라고 판정받은 사람이 얼마되지 않아 죽는 경우와 마찬가지다. 여기서 투자자들이 재무제표를 제대로 이해할 필요성이 제기된다. 적정의견이 신문에 대차대조표와 함께 공고될 때는 『기업회계기준에 따라 적정하게 표시되었다』는 정도로 기재된다.

한정의견은 제한적으로 적정하다는 의미다. 감사범위가 제한되거나 영향을 받았다는 뜻이다. 그러나 중요한 점은 문제된 사항이 재무제표에 그다지 해롭지 않다는 감사인의 판단이 있다는 것이다. 회계처리나 표시가 회계기준과 다를 경우에도 한정의견을 받는다. 따라서 이는 적정의견과 더불어 제한적이나마 합격 판정을 받은 재무제표다. 예를 들어 『~을 제외하고는 … 적정하게 표시되었다』라고 하면 이는 한정의견이다.

부적정의견은 한 마디로 재무제표가 무의미하다는 뜻이다. 즉 볼 것 없는 재무제표다.

기업회계기준에 위배되는 사항은 특히 재무제표에 중대한 영향을 준다. 따라서 부적정의견은 재무제표가 왜곡되어 있다는 판단이다.

부적정의견을 낼 때는 『기업회계 기준에 따라 적정하게 표시하고 있지 아니하다』라는 표현을 사용한다.

의견거절은 감사를 할 수 없었다는 뜻이다. 즉 감사의견을 낼 수 있을 만큼 정보를 얻지 못했다는 말이다.

무엇보다도 기업의 존립에 대한 의문이 제기될 만큼 객관적이고 아주 중대한 사항이 있는 경우다. 따라서 투자자에게는 부적정의견과 더불어 아주 중요하다. 의견거절의 경우에는 『재무제표에 대한 의견을 표명하지 않는다』고 기재한다.

제2장 한 해 농사 성적표 … 손익계산서

수익을 얼마나 어떻게 올리나 … 손익계산서

경영활동의 최종결과 … 당기순이익

1주의 이익 … 주당순이익

주가는 수익의 몇 배? … 주가수익비율

국가도 나누어주고 … 법인세비용

어쩌다 생긴 일 … 특별손익

일상적인 일 … 영업외손익

영업활동비 … 판매관리비

재산인가 비용인가 … 자본적 지출과 수익적 지출

매수 및 제조에 들어간 돈 … 매출원가

다시 정리하자 … 점검

손익상황의 허점 … 손익계산서의 한계

손익계산서 양식

기업은 수익 창출을 목적으로
설립됐다. 수익이 따라야 성장하며
계속 기업으로 존속할 수 있다. 그런데 수익의 원천은
기업활동에 따라 다르다. 이를 구분해 분석할 필요가 있으며
무엇보다도 수익의 지속성 여부가 아주 중요하다.
수익이 주식의 내재가치를 결정하기 때문이다.

수익을 얼마나 어떻게 올리나 … 손익계산서

손익계산서(Statement of Income)는 말 그대로 손해와 이익을 계산한 결과다. 손해와 이익을 따져 이익이 얼마나 되는지를 알려준다. 한 마디로 기업의 경영성과를 나타낸다. 이는 재산 상태를 나타내는 대차대조표와 함께 가장 기본적인 재무제표다.

왜 손익계산서인가

기업은 이익을 목적으로 하고 있다. 따라서 기업 성과를 나타내는 표를 이익계산서라고 해도 무리가 없을 것이다. 그런데 우리는 흔히 손익계산서라는 표현을 쓴다. 그것도 손해를 앞에 세우고 이익을 뒤에 두는 「손익」이라는 단어를 쓰고 있다. 따라서 언뜻 손해를 강조한 듯한 느낌이 든다. 어쨌든 누가 먼저 번역을 해서 썼든지 간에 손익계산서라는 이름은 나름대로 의미가 있다.

흔히 기업 장부는 단식부기가 아닌 복식부기를 이용한다.

단식부기는 가계부처럼 사용한 용도와 금액만을 기재해나가는 방식을 말한다.

반면에 **복식부기**는 한편의 변동이 다른 한편의 변동을 유발하는 사실을 모두 적는다. 예를 들어 기업에 현금이 유입되었다면 그것이 어디서 왔는지를 구분해 함께 적는 것이다. 복식부기에서 비용(손해)은 왼편(대변)에, 수익은 오른편(차변)에 쓰고 있다. 따라서 손익계산서는 이러한 원리를 존중해(?) 손익이라는 말로 표현하고 있는 것으로 풀이할 수 있다.

손익계산서는 매번 경영활동 ─거래, 월급지급 등─이 일어날 때마다 작성되는 것이 아니다. 특정기간 동안의 같은 경영활동을 묶어 계산한다. 수익은 수익대로 비용은 비용대로 각각 모아서 계산한다. 이 때 수익은 해당 기간에 실현된 것만 계산한다. 즉 수익에 비용을 대응시키는 것이다.

다시 말해 수익을 인식하고 그에 따른 비용을 계산하게 된다는 말이다. 아울러 하나의 경영활동에 따른 손익을 따져 순익 결과만을 표시하지 않고 총액을 표시한다.

기업회계기준은 또 손익계산서를 매출총손익, 영업손익, 경상손익, 법인세비용차감전손익, 당기순손익 등으로 구분 계산하도록 하고 있다. 여기서 손익계산서 작성의 최종 목표는 당기순손익에 있다는 것을 알 수 있다.

당기순손익의 일부는 배당의 형식으로 주주에게 분배된다. 나머지는 내부 유보금으로 기업 내부에 남겨져 투자와 같이 성장의 밑거름이 된다. 일반적으로 매출총이익을 산출한 후 순서에 따라 나머지 이익을 구한다. 그러나 이 책에서는 당기순이익부터 거꾸로 살펴보도록 한다.

경영활동의 최종결과 … 당기순이익

기업은 이익창출을 목적으로 하고 있다. 이익을 내야 한다는 뜻이다. 이익이 없으면 기업은 성장을 하지 못한다. 투자자들이 기업에 돈을 대는 궁극적인 목적 또한 이익을 노리는 데 있다.

기업이 올린 이익을 겨냥해 돈을 대는 것이 곧 주식투자다. 기업이익을 투자자에게 나눠주는 것이 바로 **배당**이다. 배당은 기본적으로 당기순이익에서 나온다. 당기순이익은 또 미래 투자 재원으로 활용되기 때문에 기업 성장에 절대적으로 필요하다.

당기순이익은 기업의 성과다. 즉 일정 기간 동안 일어난 기업활동에 따른 결과다. 여기서 일정 기간이란 일반적으로 1회계년도인 1년을 말한다. 당기순이익은 따라서 1년 동안 활동한 기업의 성적표라고 할 수 있다.

당기순이익 모두가 배당으로 주주에게 지급되지는 않는다. 그 중 일부는 기업에 남는 내부 유보금이 된다. 즉 유보금은 자본의 일부가 된다. 그리고 기업 성장을 위한 투자 자금으로 활용된다. 기업이 갖고 있지만 주주의 몫이라는 점은 변화가 없다. 유보금의 발생으로 기업 자본은 기업 밑천인 납입 자본금에 유보금을 가산하는 형태로 표현된다.

회계용어로는 유보금 대신에 **잉여금**이라는 표현을 많이 쓴다. 잉여금이 많은 기업의 주가는 일반적으로 높게 형성된다. 주가가 높다고 투자 수익이 크다는 의미는 아니다. 주가가 높으면 오히려 주가의 움직임이 둔해지는 것이 일반적인 현상이다.

기업이 이익을 내지 못하고 적자를 기록하면 **당기순손실**이 된다. 이는 1년 동안 기업 활동 결과가 적자를 냈다는 뜻이다. 하지만 당기순손실이 났다고 기업이 당장 무너지지는 않는다.

유보금이 많으면 괜찮다. 배당도 할 수 있다. 그러나 손실이 누적되면 유보금을 모두 까먹게 된다. 이 경우 자본을 잠식당하게 된다. 밑천을 까먹은 만큼 주가는 낮아지는 것이 일반적이다. 손실 누적으로 자본을 다 까먹으면 자본 전액 잠식 상태에 들어간다. 따라서 증권시장에서 특별 관리되는 관리대상 종목에 편입된다. 달리 말하면 증권시장에서 주식을 매매할 수 없게 될 수 있다.

당기순이익은 손익계산서에서 맨 마지막으로 구분 표시된다. 법인세비용을 더하면 법인세비용차감전순이익이 된다.

당기순이익
+ 법인세비용
법인세비용차감전순이익

당기순이익이 급격하게 변했을 경우 투자자들은 손익계산서를 잘 살펴볼 필요가 있을 것이다. 일시적인 손익에 따른 경우라면 앞으로 개선여지가 있는지 세심히 파악할 필요가 있다.

영업 부진이 추세적이거나 거액의 영업외손익및 특별손익에 따라 급격한 변화가 이루어졌을 경우 기업 환경에 대해 조사를 해볼 필요가 있다. 그리고 단기적 순익증가는 주가에 호재로 작용하지만 이는 길게 가지 못한다는 점을 염두에 두어야 한다. 따라서 나중에 보게 될 성장성 지표나 수익성 지표를 한번 따져볼 필요가 있다. 전반적인 추세를 크게 벗어나면 장기투자 위험은 크다고 할 수 있다. 따라서 단기적인 접근이 요구되기도 한다.

1주의 이익… 주당순이익

당기순이익은 기업 전체의 이익을 말한다. 당기순이익만으로는 다른 기업에 비해 잘했는지 못했는지의 여부를 파악하기 힘들다. 기업마다 크기가 다르기 때문이다. 수익을 올리기 위해 들어간 밑천도 기업마다 다르다. 따라서 비교 가능성을 높이기 위한 방법으로 주당순이익을 많이 이용한다.

주당순이익(Earning Per Share: EPS)은 주식 1주당 순이익 규모를 말한다. 이는 당기순이익을 발행주식수로 나누어 산출된다. 거듭 말하지만 당기순이익은 기업의 전체 이익을 나타낸다. 반면에 주당순이익은 1주를 기본 단위로 한다. 1주당 수익 크기로 다른 기업과 비교를 할 수 있다.

그런데 여기서 그치지 않는다. 기업마다 주권 하나에 적혀 있는 가격인 액면가가 다르기 때문이다. 액면가에 따라 발행주식수가 크게 차이가 나기 때문이다. 1주를 비례적으로 여러 주식으로 나누는 **액면분할**을 하면 발행주식수가 늘어난다.

비례적이라는 말은 1주를 똑같은 주식수로 나눈다는 의미다. 어떤 주식 1주는 10주로 나누고 다른 1주는 20주로 분할하는 것처럼 마음대로 할 수 있는 것이 아니다. 즉 같은 수로 똑같이 나눈다는 뜻이다.

액면분할을 하면 분할비율에 따라 발행주식수는 늘어난다. 그리고 그만큼 주당순이익은 낮아진다. 반면에 여러 주식을 비례적으로 1주로 묶는 **액면병합**을 하면 발행주식수가 줄어든다. 발행주식수가 늘어나는 만큼 주당순이익은 증가한다. 따라서 주당순이익을 따질 때는 액면가를 늘 고려해야 한다. 특히 다른 기업과 비교할 때는 액면가를 통일해서 살펴보아야 한다.

주당순이익은 손익계산서에 주기로 나타난다. 그런데 이를 꼼꼼히 살피면 기본주당순이익과 희석주당순이익으로 구분되는 경우를 흔히 보게 된다.

기본주당순이익은 당기순이익이 확정된 날의 발행주식수를 기준으로 계산한 수치다. 이것이 곧 일반적으로 말하는 주당순이익이다.

이와 달리 **희석주당순이익**은 「희석」이라는 말에서 알 수 있듯이 이른바 물타기가 이루어진 주당순이익이다. 실무적으로는 수정주당순이익이라고 한다. 여기에는 이미 발행된 주식 외에 언제든지 주식으로 바뀔 수 있는 부분이 감안된다. 언제든지 주식을 청구할 수 있는 희석증권이 변수로 등장한다.

희석증권은 전환주식(보통주로 전환되는 우선주 또는 우선주로 전환되는 보통주), 전환사채(CB, 주식으로 바꿀 수 있는 채권), 신주인수권부사채(BW, 주식발행을 요구할 수 있는 채권)나 옵션(주식발행청구권), 주식매입선택권(Stock Option, 일정기간 후 사전에 정해진 가격으로 주식을 매수할 수 있는 권리), 그리고 일정한 조건에 따라 주식이 발행될 수 있는 계약을 포함한다. 희석증권을 보유한 사람이 주식을 청구하면 기업은 신주를 발행해야 한다.

희석주당순이익은 상장기업이나 코스닥기업 등 공개기업은 의무적으로 공시를 해야 한다. **상장기업**이란 발행주식이 증권거래소에서 매매되는 회사를 말한다. 코스닥시장에서 주식이 거래되는 기업은 **코스닥기업**이라고 한다. 하지만 비공개기업은 이를 공시하지 않아도 된다.

희석주당순이익은 다시 말해 아직 주식이 발행되지 않았지만 발행주식수가 늘어날 가능성을 감안한 것이다. 따라서 희석주당순이익은 기본주당순이익에 비해 크게 줄어든다.

상장기업 주당순이익 추이						(단위: 원)
구 분	1996	1997	1998	1999	2000	
제 조 업	612	−148	−2,271	2,212	2,107	
비제조업	514	−517	−1,477	620	612	
금 융 업	722	−1,653	−11,970	−323	−695	

주기와 주석

재무제표에 표시된 특정 항목을 이해하는 데 도움이 되는 정보를 추가로 밝혀주는 방법이다. 주기와 주석의 차이점은 그 위치가 어디인가에 따라 달라진다.

주기는 재무제표 안에 표기된다.

반면에 주석은 재무제표 밖에 표기된다.

주기는 재무제표의 해당 항목 다음에 오는 회계 내용을 바로 표시한다. 이 때 괄호를 사용해 간단한 문구나 숫자를 쓸 수 있다.

기업회계기준의 주기 사항에는 당기순이익, 주당이익, 배당률 등이 있다.

당기순이익은 대차대조표상의 차기이월잉여금에 주기로 표기된다.

주당이익은 앞의 설명처럼 당기순이익에서 찾아볼 수 있다.

배당금에 대해서는 이익잉여금처분계산서에 주식 종류별 주당배당금과 액면배당률이 같이 기재된다.

주석은 재무제표의 해당 항목 또는 금액에 기호를 붙여 달리 설명하는 방법이다.

재무제표 외부에 표시하거나 별지를 이용할 수 있다.

그렇다면 동일한 내용의 주석이 2개 이상의 항목에 관련되는 경우는 어떻게 해야 할까?

이 때는 주된 항목에 대한 주석만 기재한다. 다른 항목의 주석은 기호만 표시하면 된다.

주가는 수익의 몇 배? … 주가수익비율

　주식투자자라면 대부분 「퍼(PER)」라는 용어를 알고 있다. 그리고 『저 PER주를 사라』는 말은 많이 들었을 것이다. 이를 우리말로는 주가수익비율(Price Earning Ratio : PER)이라고 한다. 이는 주식의 가치를 파악하는 데 이용도가 매우 높다.

　주가수익비율이란 주가를 주당순이익으로 나눈 비율이다. 비율이라고는 하지만 같은 「원」 단위를 이용하기에 「배」라는 표현을 많이 쓴다. 다시 말해 주가가 주당순이익에 몇 배라는 의미가 된다. 발행주식수에 주가를 곱한 시가총액을 당기순이익으로 나눠도 PER가 계산된다. 이는 기업의 수익과 주가의 관계를 나타내는 만큼 주가의 적정 여부를 판단하는 데 아주 좋은 기준이 된다.

$$\text{주가수익비율(PER)} = \frac{\text{주가}}{\text{주당순이익}} = \frac{\text{시가총액}}{\text{당기순이익}}$$

　흔히들 PER를 주가가 주당순이익에 몇 배라는 정도로만 이해하고 있다. 그러나 달리 해석해 볼 필요가 있다. 주당순이익은 기업이 1년간 벌어들인 결실이다. 주가는 현재의 가격으로 투자자들이 지불한 금액이다.

　예를 들어 살펴보자. 어떤 기업의 PER를 10이라고 하자. 이는 곧 주가가 주당순이익의 10배라는 말이다. 달리 말하면 기업이 1원을 벌기 위해 투자자들은 10원을 냈다는 뜻이 된다. 즉 투자자 입장에서 본 투자 수익률이 10%라는 얘기가 된다.

　흔히 알고 있는 주가가 주당순이익의 몇 배라는 개념만을 의미하는 것은 아니다. 하지만 여기서 말하는 투자수익을 배당으로 혼돈하지 말자. 기업이 올린 수익을 모두 배당으로 하는 경우는 거의 없다. 현재의 PER가 현재의 수익을 반영해 결정되는 것은 물론 아니다. 즉 미래 수익에 대한 기대가 주가에 반영되면서 PER가 결정된다.

　이런 해석도 가능하다. 주당순이익은 1년 간 기업활동의 결과다. 따라서 PER는 현재의 기업활동의 수명이라고 할 수 있다. 다시 말해 현재와 같은 환경에서 기업활동이 몇 년 동안 이어질 수 있는지를 설명한다. 이를 곧장 기업수명이라고도 할 수 있다. PER가 10이라고 하면 현재와 같은 상황에서 기업활동 수명이 10년이라는 뜻이 된다.

　주가가 높거나 낮다는 평가는 시장 전체 PER와 개별종목 간의 PER를 비교하면서 결정된다. 나아가 국가 간의 시장 PER를 비교해 주가 수준을 평가하기도 한다. 그런가 하면 과거 평균 PER와 현재 PER를 비교해 주가의 높고 낮음을 판단하기도 한다.

　그런데 재미있는 점은 현재를 중시하는지, 아니면 과거를 중시하는지에 따라 결과가 사뭇 달라진다는 것이다. 몇몇 전문가들은 대부분 과거 PER 수준을 잣대로 삼아 현재 PER 수준을 가늠한다. 그러나 몇몇은 현재 PER를 기준으로 과거 PER를 평가하기도 한다. 2001년 미국의 제임스 K. 글래스먼(James K. Glassman)과 케빈 A. 헤셋(Kevin A. Hassett)이 발간한 《다우 36000(Dow 36000 : The New strategy for profiting from the coming rise in the stock market)》이 그렇다. 이들은 과거에 주가가 상당히 저평가됐다고 보았다. 따라서 이를 보상받기 위해서는 PER가 100배는 돼야 한다고 계산했다. 이들은 『PER가 100배에 이르려면 다우지수는 36,000까지 올라야 한다』고 주장했다.

미국 연방준비위원회의 주식평가 모델

미국 연방준비위원회(Federal Reserve Board : FRB)는 드물기는 하지만 이례적으로 주가가 고평가됐다는 의견을 내놓는다. 특히 앨런 그린스펀(Alan Greenspan) 위원장은 기회가 있을 때마다 주식 시장에 대해 우려를 표명하곤 했다. 그리스펀 위원장의 이 같은 언급은 FRB의 주식평가 모델에 근거를 두고 이루어졌다.

FRB의 주식평가 모델의 기본 전제는 장기채권수익률과 주식수익률이 동일하다는 데 있다. 장기채권수익률에는 10년 만기 재무성증권 금리가 이용된다. 반면 주식수익률은 이익주가비율로 계산한다.

이익주가비율이란 이익을 주가로 나눈 비율을 말한다. 다시 말해 주가는 투자자들이 기업에 낸 자금이다. 기업은 이 자금을 이용해 수익을 낸다. 주가의 의미가 1주 가격인 만큼 수익도 1주로 계산되어야 한다. 즉 주당순이익을 말한다. 따라서 이익주가비율은 주당순이익을 주가로 나눈 비율이다.

여기서 이 비율은 PER의 역수라는 것을 알 수 있다. 주가를 주당순이익으로 나눈 비율을 다시 뒤집어 보면 이익주가비율이 된다. 그렇다면 채권수익률 = 1/PER라는 공식을 생각할 수 있다. 이는 곧바로 PER = 1/채권수익률이라고 바꿔볼 수 있다. 즉 시장 전체의 PER는 채권수익률의 역수라는 의미가 될 수 있다.

예를 들어 10년 만기 재무성증권의 수익률이 10%라고 가정하자. 그렇다면 주식 시장의 적정 PER는 10%의 역수인 10이 된다. 따라서 주식 시장의 PER가 10이면 주가는 적정한 수준이라고 할 수 있다. 그러나 이보다 훨씬 높다면 고평가됐다고 할 수 있다. 반대로 이보다 크게 낮으면 저평가됐다고 할 수 있다. 그 높고 낮음이 어느 정도가 되어야 적정 수준에 이르는가에 대한 절대적인 기준은 없다. 하지만 일반적으로 20% 이상 웃돌면 적정 수준을 넘어섰다고 보기도 한다.

주요 국가 주가수익비율(PER) (단위: %)

구분 \ 연도	1996	1997	1998	1999	2000
한국	17.80	17.00	27.80	34.60	15.10
미국	16.65	15.61	32.30	33.30	26.30
일본	79.30	37.60	103.10	105.10	223.00
영국	17.39	21.19	23.00	30.50	24.20
프랑스	48.70	24.00	19.90	24.60	20.60

미국은 S&P 500 최종 금요일 기준
일본은 동경증권거래소 1부 종목 평균

일반적으로 PER가 낮으면 주가가 더 오를 것이라는 얘기를 많이 한다. 하지만 주의할 필요가 있다. PER 산출 공식을 다시 한번 써 보자. 이는 주가를 주당순이익으로 나눈 비율이다. 여기서 주당순이익은 과거의 수치가 아니다. 이는 미래 수익을 뜻한다. 짧게 잡으면 내년도 주당순이익을 말한다. PER가 낮다는 의미는 주당순이익이 줄어들 수 있다는 얘기도 된다. 저PER주라고 해도 모두 오르지 않는 주된 이유가 바로 여기에 있다.

국가도 나누어 주고 … 법인세비용

당기순이익에 법인세비용을 더하면 법인세비용차감전순이익이 나온다. 예전에는 법인세비용 대신에 법인세라는 용어를 사용했다. 그러나 1996년 기업회계기준이 바뀌면서 법인세비용이라는 말이 새롭게 나타났다. 이는 법인세에 대한 성격이 변했기 때문이다.

예전에는 법인세를 국가에 대한 이익배당으로 여겼다. 다시 말해 배당과 같은 성격으로 특수 이해관계자에 대한 이익처분으로 여겼다. 그러나 최근에는 법인세를 비용으로 보면서 이연가능성이 강조됐다. 이에 따라 **법인세비용**이라는 용어를 사용했다. 법인세에는 법인 소득에 대한 법인세, 주민세, 법인세 특별부가세, 농어촌특별세 등 직접

세 모두가 포함된다.

　법인세와 관련해 **이연법인세**라는 말이 있다. 이연법인세는 기업회계와 세법의 차이를 조정하기 위해 고안된 개념이다. 기업회계와 세법은 그 목적이 서로 다르기에 특별한 각각의 원칙을 적용하고 있다.

　기업회계에서는 손익을 계산할 때 매출액에서 곧바로 당기순이익을 산출하지 않는다. 매출에서는 매출에 대응하는 매출원가를 비교해서 매출총이익을 계산하고, 영업수익에서는 이에 대응되는 영업비용을 비교한다. 이런 단계별 계산 구조를 거쳐서 당기순이익이 산출된다.

　당기순이익을 산출하기 위한 단계의 하나로서 법인세차감전순이익이 있다. 여기에서 법인세를 차감하면 당기순이익이 나온다. 그러나 기업회계에 따라 산출된 법인세차감전순이익에 세법에 따라 산출된 법인세를 적용한다는 것은 무의미하다. 수익과 비용을 서로 정확하게 대응시켜야 한다는 「수익·비용 대응의 원칙」에 어긋나기 때문이다. 따라서 이를 조정해 정확한 이익을 산출할 필요성이 제기되었다. 이처럼 기업회계에 따라 산출된 법인세차감전순이익에 대응하는 법인세비용은 실제 기업이 부담한 법인세액과 다를 수밖에 없다. 따라서 이 차액을 조정하기 위해 이연법인세제도가 도입되었다. 실제로 부담한 법인세액에 기업회계에 따라 조정된 법인세비용을 더하거나 빼서 손익계산서에 계산한다. 그 차액은 이연법인세차 또는 이연법인세대로서 대차대조표에 자산이나 부채로 기재한다.

　이연법인세차는 기업회계에서 계산한 법인세비용보다 실제로 부담할 법인세액이 더 많을 때 발생한다. 이는 곧 자산이 된다.

반면에 **이연법인세대**는 기업회계에 따라 계산한 법인세비용이 실제로 내야 할 법인세액보다 많은 경우다.

이는 곧 부채가 된다.

법인세 인하

2001년 12월 말 임시국회에서 여·야 합의로 법인세율 인하가 의결되었다. 법인세율 인하에 따라 기업들이 국가에 납부하는 세금은 줄어들게 된다. 세금을 적게 내는 만큼 기업의 이익은 커진다. 내부유보금도 늘어나게 된다. 이렇게 늘어나는 자금만큼 기업들이 투자를 확대해 경기가 활성화될 것이라는 것이 국회의원들의 주장이다.

그러나 법인세 인하로 국민 개인들의 세 부담은 늘어난다. 아울러 경기회복 전망이 불투명하기 때문에 투자가 기업들의 법인세 인하만큼 증가하지 않을 것이라는 분석도 나왔다.

당시는 자금의 유동성이 높고 금리도 낮은 수준이었다. 그러나 기업들의 투자는 매우 부진했다. 여하튼 투자자 입장에서는 법인세 감소만큼 기업 유보금이 늘어나는 것에 관심을 가질 수밖에 없다. 따라서 기업의 내재가치는 좋아진다. 그러나 개인세 부담이 늘어나면 그만큼 처분할 수 있는 소득이 줄어든다. 그렇게 되면 주식 매수를 위한 여유자금이 줄어들게 된다.

이 법안이 통과된 날 주가는 오름세를 나타냈다. 이를 통해 투자자들이 내재가치 상승에 좀더 무게 중심을 두었다는 것을 알 수 있다.

어쩌다 생긴 일 … 특별손익

　사람이 살다보면 천재지변과 같은 일을 당한다. 때로는 교통사고나 강도를 당하기도 한다. 그런가 하면 복권에 당첨된다든지 또는 뜻밖의 사람에게 도움을 받는 경우도 있다. 이처럼 전혀 생각 밖의 일들이 생긴다.

　하지만 이러한 일들은 일상 생활 속에서 늘 일어나지는 않는다. 말 그대로「어쩌다」생긴 특별한 일이다. 여기서 이익이 생기기도 하지만 손해를 입기도 한다. 사람의 일상과 마찬가지로 기업에도 어쩌다 생기는 일이 있다. 이 때 발생하는 손익이 특별손익이다.

　특별손익은 말 그대로 특별하게 생겨난다. 이는 일상적인 기업활동이 아닌 특별한 경우에만 발생한다. 이러한 손익은 기본적으로 일시적인 손익처럼 반복되지는 않는다. 아울러 규모가 큰 게 특징이다. 특별손익은 특별이익과 특별손실로 구분된다. 금액이 적으면 영업외손익을 계산하기도 한다. 일반적으로 경영자가 통제할 수 없는 손익을 생각하면 된다.

　특별이익은 비경상적이며 일시적인 영업외수익에는 자산수증이익, 채무면제이익, 보험차익 등이 포함된다. 비경상적이고 비반복적인 영업외이익은 경영권 이양이 포함된 투자주식의 양도, 토지, 건물, 기계장치 등의 특별이익으로 구분한다. 따라서 투자자산처분이익, 유형자산매각차익, 사채상환이익 등이 이에 해당된다. 비경상적이고 비반복적인 영업외비용은 당연히 **특별손실**에 속한다.

자산수증이익이란 다른 사람이 회사에 특정 자산을 증여하면서 발생한 이익을 말한다.

자산수증이익은 대체로 결손 누적이나 파산 상태인 기업의 손실보전 등을 위한 무상 기증에서 비롯된다.

흔하지는 않으나 대주주가 자기회사 주식을 회사에 기증할 때 자산수증이익이 발생한다. 이 때 증여받은 자산은 공정한 금액으로 평가 및 계산된다.

채무면제이익은 흔히 말하는 탕감이다. 회사가 부담해야 할 채무를 채권자로부터 면제받을 때 발생하는 이익이다.

보험차익은 화재 등 사고로 인해 보험회사에게서 받은 보험금이 장부가액을 웃돌 때 그 차액을 말한다.

보험금이 장부가액보다 밑돌 경우 이는 재해손실에 해당하며 특별손실로 처리된다. 보험금이 없는 경우는 당연히 장부가액 전부가 특별손실로 계상된다.

특별손익이 크면 투자자들은 일단 해당기업 실적에 의구심을 가져야 한다. 손익계산서는 물론 재무제표 전반에 걸쳐 세밀하게 점검할 필요가 있다. 특히 영업이나 경상이익이 적자이거나 아주 적은데도 특별이익이 클 경우 주의를 해야 한다. 적자기업이 흑자기업으로 둔갑하거나 당기순이익이 뻥튀기될 수 있기 때문이다. 특별손익이 일시적인 현상임을 감안할 때 당기순이익의 연속성이 떨어진다는 점에서 일단 장기투자로서는 적합하지 않다.

그러나 구조조정 차원에서 과다한 자산을 처분하는 등 기업 환경이 건전해지는 경우도 있다. 따라서 특별손익을 세부적으로 판단해 장·단기 투자여부를 결정해야 한다.

특히 전문가라고 하더라도 특별손익은 예측할 수 없다. 이는 당기순이익을 추정하기 쉽지 않다는 뜻이다. 경기 혼란기에는 더욱 그렇다. 따라서 전문가들은 특별손익을 감안하지 않는 경상손익을 예측한다. 이를 근거로 기업의 주가를 전망할 수 있다.

법인세차감전순이익에서 특별손익을 가산하면 경상손익이 된다. **경상손익**은 「경상」이라는 단어에서 알 수 있듯이 반복적으로 이루어지고 있는 기업활동의 결과다. 어쩌다 생기는 특별손익을 제외하고 있어 투자자들이 장기 흐름을 좇을 때 중요한 손익이 된다. 이에 따라 기업회계기준은 주당경상이익을 주기하도록 규정하고 있다.

주당경상이익은 경상이익을 발행주식수로 나눠 계산된다. 앞의 주당순이익과 같은 방법이다. 다만 순이익이 경상이익으로 바뀌었을 뿐이다.

이와 같은 방식으로 기본주당경상이익이나 희석주당경상이익도 계산될 수 있다.

법인세차감전순이익
+ 특별손실
− 특별이익
경상손익

일상적인 일 … 영업외손익

　기업은 본연의 활동 밖에서 수익이 나거나 손해를 볼 수 있다. 회사 건물을 빌려줌으로써 임대수익을 올릴 수 있다. 임대전문 회사가 아닌 이상 임대는 기업의 영업활동은 아니다. 또는 돈을 빌려주고 이자를 받거나 여유자금을 주식 채권 등 유가증권에 투자해 배당이나 이자를 받는 경우도 있다. 이러한 영업외 활동에서 거두어들이는 이익이나 손실을 **영업외손익**이라고 한다. 물론 이러한 활동에 반드시 수입만 있는 것은 아니다. 지출이 생길 수도 있다. 이는 **영업외비용**이 된다.

수익/비용과 이득/손실의 개념

　수익과 이득은 회사로의 자금 유입을 의미한다. 결국은 자본의 증가라는 결과를 초래한다. 그런데 이는 확실하게 구분될 필요가 있다. 이는 손익정보에 관한 유용성을 높이기 위해서다. 한 마디로 기업 본연의 활동 결과인지 아닌지에 따라 손익의 의미가 달라진다는 말이다.
　수익은 기업의 영업활동 결과에서 이뤄진다. 이에 반해 **이득**은 기업활동 외의 부수적인 거래 결과다.
　비용과 손실 또한 마찬가지로 구분된다. 영업활동에 따른 자금 부담이 **비용**이 된다. **손실**은 이득과 마찬가지로 기업의 정상적인 활동이 아닌 손실을 말한다. 따라서 영업외손익과 특별손익은 수익과 비용이 아닌 이득과 손실이라는 점을 알아둘 필요가 있다.

영업외손익도 특별손익처럼 영업이익과 영업손실로 구분 계산된다. 영업외손익은 기업의 주된 영업활동 외의 부수적이거나 보조적인 영업활동에서 발생한 손익을 말한다. 이는 일상적이고 전형적인 영업활동에서 발생하지 않았다는 점에서 영업이익과 구분된다. 그러나 일시적이 아닌 반복적으로 발생한다는 점에서 특별손익과 차이가 있다. 경상수익에 영향력이 큰 영업외손익을 살펴보자.

먼저 이자를 보자. 기업들은 대부분 빚이 있다. 은행 등 금융기관에게서 빌리거나 급하면 사채업자에게서도 돈을 빌린다. 이를 회계상 부채라고 하는데, 즉 차입금이다. 이 돈은 공짜가 아니다. 이자를 주어야 한다. 따라서 지급이자는 영업외비용으로 계산된다. 반대로 기업에 자금이 풍부하면 다른 데 빌려줄 수 있다. 그리고 이자를 받는다.하지만 「돈놀이」를 목적으로 하지 않는 기업인 이상, 이자는 영업활동의 결과가 아니다. 따라서 이자수익은 영업외수익에 속한다.

간혹 경상이익을 내지 못하는 기업이 있다. 이들 기업은 대체로 이자 부담이 너무 커 이런 결과를 불러온다. 차입금이 너무 많아 이자조차 갚지 못할 정도로 영업활동이 저조하다는 뜻이 된다. 금리가 오르면 기업들의 이자 부담은 커지게 된다. 반대로 금리가 낮아지면 지급이자가 그만큼 줄어들어 기업 실적이 좋아진다. 금리 변화가 기업 수지에 영향을 주고 있다는 점을 투자자들은 염두에 두어야 할 것이다.

자금 여유가 있는 기업은 유가증권에 투자를 하기도 한다. 주식에서는 배당금을 받는다. 이는 배당금 수익이므로 영업외수익이 된다. 그렇다면 자기회사 주주에게 주는 배당금은 어떻게 될까? 주주에 대한 배당은 당기순이익 등에서 나오기 때문에 영업외비용이 아니다.

채권에 투자하면 이자가 나온다. 채권이자는 돈을 빌려주고 받는 이자와 마찬가지로 이자수익이 된다.

기업이 가지고 있는 유가증권은 맨 처음 매수가격으로 회사 장부에 표시된다. 이를 **장부가격**이라고도 한다. 그렇다면 보유 유가증권 가격이 시장에서 변동될 경우 어떻게 처리하느냐는 문제가 나타난다. 이 때는 시가로 다시 평가하면 된다. 시장가격과 장부가격의 차이는 평가손익으로 계산한다. 시가가 장부가격보다 높으면 **유가증권평가이익**이 된다. 반대의 경우, 다시 말해 시가가 장부가격보다 낮으면 **유가증권평가손실**이 발생한다. 유가증권 평가손익 또한 기업 본연의 영업활동이 아니다. 따라서 영업외손익이 된다.

계열사 주식을 많이 갖고 있는 기업의 경우 유가증권평가손익이 당기손익에 큰 영향을 주기도 한다. 경기 침체로 영업이 시원치 않은데도 평가손익으로 이익을 낼 수도 있다. 이러한 유가증권을 팔면 어떻게 될까? 역시 손익이 발생한다. 이익이 나면 **유가증권처분이익**이 되고 손해를 보았다면 **유가증권처분손실**로, 각각 영업외수익과 영업외손실이 된다.

회사 건물을 임대해주고 받는 돈을 **임대수입**이라고 한다. 임대업을 주업으로 하지 않는 한 이 또한 영업외활동이다. 그리고 이는 당연히 영업외수익이 된다.

이와 반대로 건물을 임차해 쓰는 경우는 어떻게 될까? 사무실은 영업에 필요한 공간이다. 따라서 건물을 임차하고 내는 임차료는 영업외비용이 아니다. 이는 뒤에 나오는 판매관리비가 된다. 공장을 빌리고 내는 임차료도 달리 보아야 한다. 물건을 생산하는 데 들어간 비용이기에, 이 때는 매출원가로 계산된다.

국제화가 진전되면서 외국과 거래하는 기업이 많다. 따라서 많은 외화거래가 이루어진다. 무역뿐만 아니라 아예 필요한 자금을 외국에서 빌려오기도 한다. 이는 외화차입금이 된다. 물론 여유 있는 기업은 외화를 다른 나라에 빌려주기도 한다. 이는 외화자산이다. 그리고 외국과의 거래일지라도 재무제표상에는 당연히 원화로 표기된다. 분명한 것은 자금을 주고받을 때는 외화로 이루어진다는 점이다.

이 경우 환율로 인해 원화로 표시된 장부 가격과 차이가 날 수 있다. 당장은 자금을 주고받을 때 환율에 따라 손익이 발생할 수 있다. 이를 외환차손익이라고 한다. 환율이 1달러당 1,000원일 때 1억 달러를 수출했다고 가정하자. 장부상 매출은 1,000억 원이다. 그런데 돈을 받을 때 환율이 급변동해 달러당 2,000원으로 급격히 치솟았다고 하자. 외국에서 준 돈은 1억 달러다. 그러나 이를 원화로 바꾸면 2,000억 원이 된다. 환율 상승으로 이 기업은 가만히 앉아 1,000억 원의 외환차익을 챙겼다.

물론 위의 예에서 환율이 떨어지면 기업은 외환차손을 입게 된다. 환율 변동은 또 기업이 갖고 있는 외화자산이나 외화부채의 원화가치에 영향을 준다. 따라서 외화환산손익이 발생할 수 있다. 이익이 나면 물론 외화환산이익이 된다. 반대로 손해가 나면 외환환산손실을 입게 된다. 환율 상승을 가정해 따져보자. 외화자산을 갖고 있는 기업은 환율 상승에 따라 외화환산이익이 생긴다. 반면에 환율이 떨어지면 외화환산손실이 발생한다.

외화부채를 살펴보자. 환율이 오르면 우리 돈으로 갚아야 하는 금액이 많아진다. 따라서 외화환산손실을 계산해야 한다. 여기서 다음과 같은 결론이 가능하다. 환율이 오르면 외화자산을 갖고 있는 기업에 유리한 반면, 외화부채가 많은 기업은 부담이 늘어나게 된다. 환율이 떨어지면 정반대 현상이 일어난다.

환율이 급변하면 기업수지에 큰 영향을 준다. 따라서 주가도 큰 변화를 겪는다. 주식투자자는 적어도 내가 투자하는 기업의 외화자산이나 외화 거래비중이 얼마나 되는지를 한번쯤 뒤적거려 보아야 할 것이다.

환율과 손익

환율은 다른 나라 화폐와의 교환비율을 말한다. 국제적으로는 달러를 기준으로 삼고 있다. 따라서 흔히 환율이라고 하면 원—달러 환율을 말한다. 다시 말해 1달러로 원화를 얼마나 바꿀 수 있는지가 바로 환율이다. 따라서 환율 상승은 원화의 교환비율이 높아진다는 뜻이다. 즉 1달러로 바꿀 수 있는 원화가 많아지게 된다. 이처럼 원화로 교환되는 양이 많아지는 것을 원화약세라고 한다. 아울러 원화의 평가절하라는 표현도 쓴다. 달러 강세라는 표현으로도 대신할 수 있다.

환율이 오르면 외화자산의 원화 교환가치도 커진다. 그만큼 기업에는 이익이다. 반면에 부채가 많은 기업은 부담이 커진다. 하지만 외화 표시에 따라 자산가치와 부채가 변하는 것은 아니다.

달러와 같은 외화 자산이나 부채를 원화로 표시해야 되기 때문에 차액이 발생한다. 이를 **외화환산손익**이라고 한다. 반면에 **외환차손익**이란 주로 영업활동을 하면서 외국과 주고받는 자금의 환율변화에 따른 손익을 말한다. 그렇다고 영업손익은 아니다. 환율변동에 따른 수익은 기업 본연의 영업활동 결과가 아니기 때문이다. 따라서 영업외손익에 포함된다.

우리나라 기업들은 과거에 일본 자금을 많이 빌려다 썼다. 그러나 1992년 자본 자유화 이후 해외 희석증권을 발행해 국제자금을 많이 끌어다 쓰고 있다. 그 중에서도 특히 달러를 많이 들여오고 있다. 따라서 투자자들은 원-엔 환율, 원-달러 환율 변화에 관심을 가질 필요가 있다.

영업활동에 필요하지는 않으나 부동산에 투자하고 있는 기업이 매우 많다. 여유자금을 굴리는 차원에서 부동산을 사거나 빌딩을 사기도 한다. 그런가 하면 그림이나 골동품에 투자를 할 수도 있다. 이러한 자산을 **투자자산**이라고 한다.

유가증권 투자는 환금성이 이들보다 훨씬 높기에 유형자산과 구분을 한다. 이를 팔 때 손익이 발생한다. 즉 투자자산처분이익이나 투자자산처분손실이 발생한다. 이들은 당연히 영업외손익이다. 이 밖에 영업외손익에는 사채상환손익과 기부금 등이 있다.

기업은 건물이나 공장 등을 갖고 있다. 이들은 형태가 있기 때문에 **유형자산**이라고 한다. 다시 말해 형태가 있고 장기간 갖고 있는 자산이다. 이는 대체로 물건을 만드는 데 필요한 자산이다. 때에 따라 이를 매매하기도 한다. 이 때 손익이 생기면 이를 **유형자산매각손익**이라고 한다. 이 또한 영업외손익이다.

경상이익에 영업외손익을 가감하면 영업손익이 나온다. 즉 기업 본연의 영업활동 결과가 바로 영업손익이다.

경상손익
+영업외비용
－영업외수익
영업손익

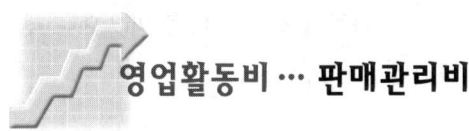

영업활동비 … 판매관리비

기업이 만든 물건을 팔기 위해서는 비용이 든다. 이를 흔히 영업비라고 한다. 그런데 회계에서는 이를 판매관리비라고 한다. 이는 판매비와 관리비를 합친 말이다. 실무에서는 판관비라고 줄여서도 말한다.

판매비는 광고 선전비, 판매원 급료, 판매 수수료 등 판매에 들어간 비용이다. 이와 달리 **관리비**는 판매활동을 관리하는 비용을 말한다. 판매비가 영업활동의 직접 비용이라면 관리비는 간접 비용이 된다. 아울러 관리비는 임직원 급료, 빌딩 등의 감가상각비, 차량유지비 등 이른바 화이트 칼라들이 쓴 비용이다.

판매관리비에서 비중이 높은 부문은 역시 인건비. 임직원들의 급료, 퇴직급여, 복리후생비 등이 인건비에 포함된다. 여기서 물건을 만드는 데 들어간 인건비는 생산비이므로 매출원가로 달리 계산된다. 판매활동과 관련된 사무실을 빌리는 데 들어가는 임차료도 판매관리비다. 공장 임차료는 생산비로서 매출원가로 분류된다. 물건 판매를 촉진하기 위한 접대비도 판매관리비에 들어간다.

건물, 건설 중인 자산 구축물, 기계장치, 운반구(차량, 선박 등), 비품, 토지 등은 형태가 있는 유형자산이다. 이들은 대부분 생산활동에 쓰여진다. 다시 말해 유형자산은 사용이나 노후화에 따라 점점 경제적 가치가 떨어진다. 따라서 경제적 가치가 하락한 만큼 비용으로 계산해야 한다. 이러한 비용을 **감가상각비**라고 한다.

감가상각비는 현금이 외부로 지출되는 것이 아니다. 단지 해당 자산의 장부 가치가 그만큼 줄어든다. 토지는 유형자산이기는 하지만 감가상각의 대상은 아니다. 유형자산에 대한 감가상각은 세법의 내용연수에 따라 이루어져야 한다.

내용연수는 유형자산의 수명을 뜻한다. 즉 얼마동안 비용으로 계산할 수 있는지를 말해준다. 세법에서는 대체로 수명이 다 끝난 유형자산의 잔존가치를 매수가격의 10%로 보고 있다. 따라서 매수가격의 90%를 내용연수에 따라 기간배분을 하면 된다.

감가상각을 하는 방법은 여러 가지가 있다. 그 중 매년 같은 금액을 감가상각비로 삼는 **정액법**이 가장 쉽다. 또 매년 잔존가액의 일정비율을 감가상각하는 **정률법**도 있다. 아울러 노후화 속도가 빠른 유형자산은 처음에 많이 상각하고 나중에 적게 비용으로 처리하는 **가속상각법**도 있다.

어느 방법을 쓰느냐는 기업 마음대로다. 따라서 상각 방법의 변경을 통해 이익을 조절할 수 있다. 이익을 조절한다는 말은 적자의 흑자전환, 적자축소 또는 이익축소 등을 의미한다. 그러므로 투자자들은 감가상각 방법 변경이 얼마나 중요한지 쉽게 알 수 있을 것이다.

감가상각비와 비슷한 비용이 하나 있다. 즉 **대손상각**이다. 이는 빌려준 돈의 상각을 말한다. 다시 말해 회사가 받아야 하는 돈 중에서 받지 못할 수 있는 만큼을 비용으로 계산한다. 물론 여기서 말하는 받아야 하는 돈은 당연히 영업활동과 관련된 자금을 뜻한다. 종종 매출채권이나 단기대여금, 또는 미수금과 같이 회사의 자산이지만 회수가 불가능한 경우가 발생할 수 있다.

이를 대비해 일정액만큼 미리 비용으로 계산한다. 이를 대손상각이라고 한다. 대손상각을 기업 마음대로 하면 이익이 줄어들어 세금이 적어질 수 있다. 따라서 세법에서는 채권 잔액의 1%만을 대손상각비로 처리할 수 있도록 허용하고 있다.

기업의 순이익에 부과되는 법인세를 제외한 세금 및 공과금은 판매관리비로 처리된다. 물론 공장에 부과되는 비용은 매출원가에 포함된다. 광고선전비와 경상연구개발비 또한 판매관리비로 계산된다.

영업손익에 판매관리비를 합산하면 매출총이익이 계산된다. 매출총이익은 매출활동의 결과를 말한다.

영업손익
+판매관리비
매출총이익

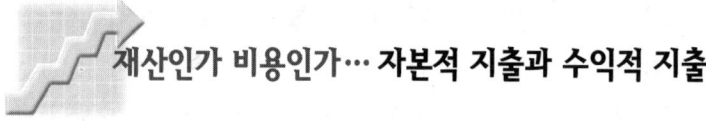

재산인가 비용인가… 자본적 지출과 수익적 지출

건물이나 공장 등과 같은 유형자산은 사용을 하면서 이와 관련된 지출이 늘어나게 된다. 일반적으로 수선 내지는 유지를 하는 데 돈이 들어간다. 그러나 대규모 비용을 들여 대대적인 보수를 하기도 한다. 이러한 대대적인 보수는 해당 자산의 근본적인 기능을 강화시키거나 수명을 연장시킬 수 있다. 여기서 유형자산을 취득한 이후 들어가는 비용의 처리 문제가 발생한다. 다시 말해 당기에 비용으로 처리하는지, 아니면 두고두고 비용으로 계산해야 하는지의 여부를 결정해야 한다.

당기 손익에 반영하는 경우 들어간 비용을 **수익적 지출**이라고 한다. 이와 달리 여러 해에 걸쳐 비용으로 처리하려면 일단 자산화시켜야 한다. 이를 **자본적 지출**이라고 한다. 그래야 분할을 통해 비용으로 처리할 수 있다. 자본적 지출이라는 어려운 말을 썼지만 실제로는 기존의 자산가치에 비용을 더하면 된다. 자산가치가 늘어나면 자본도 증가한다. 그러므로 자본적 지출이라는 말을 쓴 것으로 이해하면 된다.

자본적 지출이라는 말은 또 재원이 자본이라는 것을 시사한다. 여기서 말하는 자본은 폭넓은 의미의 자본이다. 이는 자기자본과 타인자본을 모두 포함한다. 타인자본은 부채를 말한다. 자기자본은 자산에서 부채를 제외한 자본총계를 말한다. 회사 돈으로 하든 빌려서 하든 대대적인 리모델링을 하면 자본적 지출로 본다.

자본적 지출이란 기본적으로 고정자산의 수명(내용연수)을 늘리거나 가치를 실질적으로 증가시키는 지출을 말한다. 생산능력을 증대시키는 증설, 생산품의 품질을 폭넓게 개선시키는 지출, 가동비용의 대폭적인 절감을 가져오는 신공정 도입 등도 자본적 지출에 해당된다. 이러한 자본적 지출은 어쩌다 일어나며 비경상적이다.

여기서 중요한 점이 하나 있다. 비록 내용연수나 공정의 변화를 가져오더라도 들어간 돈이 적으면 수익적 지출로 계산할 수 있다. 다시 말해 당기비용으로 처리해 당기에 손익으로 처리하게 된다. 비용의 크기에 대한 절대적인 정의는 없다. 대체로 기업 규모에 따라 많고 적음을 판단할 수 있을 뿐이다.

이에 반해 고정자산의 원상을 회복하거나 능률유지를 위한 지출은 수익적 지출에 해당된다. 수선비나 유지비는 수익적 지출이 된다. 이러한 비용들은 반복적이고 경상적인 점이 특징이다.

매수 및 제조에 들어간 돈 … 매출원가

제품을 만들 때 비용이 들어간다. 이를 **제조원가**라고 한다. 제조원가는 크게 재료비와 노무비, 그리고 간접비로 구성된다. 아무리 복잡한 공정을 거친다 하더라도 제조원가는 이 세 가지로 구분된다.

재료비는 제품의 실체를 구성하는데 쓰인다. 노무비는 제품 생산에 들어간 노동력의 대가를 말한다. 제조를 하려면 공장 설비, 에너지, 물 등이 소요된다. 하지만 이들은 모두 제품의 실체와는 거리가 있다. 따라서 이를 간접비라고 한다. 공장 설비비용은 물론 감가상각비도 포함된다.

제조원가는 지난 해에 팔리지 않고 남은 기초재고품과 합산되어 팔 수 있는 총물량이 된다. 손익계산서의 작성 기간인 1년 동안 팔리지 않고 남은 제품은 기말재고품이 된다. 따라서 팔 수 있는 총물량(기초재고품+당기 제조원가)에서 기말재고품을 차감하면 매출원가가 계산된다.

매출총이익에 매출원가를 계산하면 매출액이 나온다. 매출액은 기업이 1년 동안 벌인 본연의 영업활동을 말한다. 여기서 매출액이란 판매한 금액을 뜻한다. 외상이든 현금이든 구분을 하지 않는다. 손해를 보고 팔았든 폭리를 취했든 따지지 않는다.

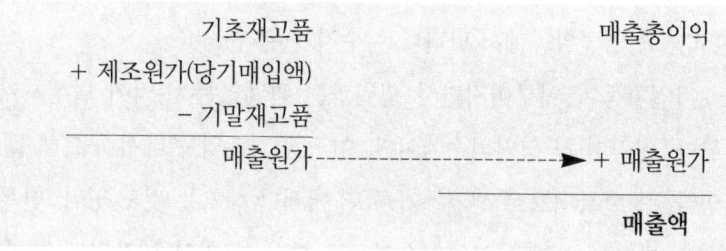

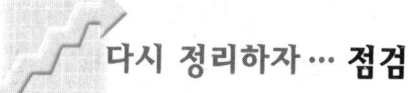

다시 정리하자 … 점검

이제껏 손익계산서를 당기순이익을 출발점으로 해서 거꾸로 올라왔다. 이제 방향을 바꿔 다시 한번 점검해보자.

기업의 돈은 기본적으로 매출에서 생긴다. 제품이든 용역이든 팔아야만 돈이 흘러들어온다. 이는 기업 수익의 원천이 된다. 팔지 못하면 돈은 들어오지 않는다. 그러면 자금에 문제가 생긴다. 게다가 점점 쌓이는 재고는 기업에 부담을 준다. 무엇이든 팔아야 기업이 살아 움직이게 된다.

매출은 그냥 이루어지지 않는다. 매출에는 비용이 따른다. 이 비용을 살펴보면 크게 두 가지로 구분된다. 먼저 매출 자체 원가를 들 수 있다. 또 매출에 따른 판매관리비도 있다. 매출에서 매출원가를 빼면 매출총이익이 나온다. 여기에서 판매관리비를 제외하면 영업이익이 된다. 즉 영업활동에서 나타나는 수지가 된다.

기업활동이 이루어지면서 영업과는 관계없는 손익이 발생하기도 한다. 이것이 곧 영업외손익이다. 이 영업외손익도 다시 구분해 볼 수 있다. 즉 반복적으로 생기는가 하면 어쩌다 생기는 것도 있다. 반복적으로 생기는 손익은 영업외손익으로 본다. 그리고 생각지도 않게 발생하는 것은 특별손익으로 본다.

영업이익에서 영업외손익을 차감하면 경상손익이 나온다. 여기에 특별손익을 제외하면 당기순이익이 계산된다. 이는 세금을 산출하는 기준이 된다. 따라서 법인세비용차감전순이익이라고 한다. 여기서 법

① 매출액 − 매출원가 = 매출총이익
② 매출총이익 − 판매 관리비 = 영업손익
③ 영업손익 + 영업외수익 − 영업외비용 = 경상손익
④ 경상손익 + 특별이익 − 특별손실 = 법인세비용차감전순손익
⑤ 법인세비용차감전 순손익 − 법인세비용 = 당기순손익

인세를 제외하면 기업의 목표가 되는 당기순이익이 산출된다.

손익상황의 허점 … 손익계산서의 한계

    손익계산서는 기업이익에 관한 정보를 제공하고 있다. 이를 기초로 미래의 현금 흐름에 관한 정보를 얻을 수 있다. 아울러 경영진의 경영성과를 평가할 수 있게 한다. 손익계산서는 과세소득의 기초 자료가 되기도 한다. 이 밖에 임금협상, 상품가격, 정부의 경제정책 등에 대한 기초 자료로 이용되기도 한다.
    이러한 유용성에도 한계가 있다.
    먼저 순이익이 진실한 이익을 표시하지 못하고 있다. 화폐로 측정될 수 없는 수익과 비용을 적절하게 반영하지 못하고 있다. 유형자산의 내용연수 추정 등에서처럼 회사가 인위적으로 추정한 부분도 있다. 따라서 감가상각의 다양한 방법처럼 대체적인 회계처리 방법은 비교 가능성을 낮출 수밖에 없다.
    아울러 손익계산서는 투자자들의 기회비용을 반영하지 못하고 있다. 채권자들의 이익은 비용으로 처리된다. 그러나 주주들의 기회비용은 계산하지 않는다.
    즉 배당을 손익에 반영하지 않는다는 말이다.

손익계산서 양식

손익계산서

제×기 20××년 ×월 ×일부터 20×× 년 ×월 ×일까지
제×기 20××년 ×월 ×일부터 20×× 년 ×월 ×일까지

회사명 _____   (단위 : 원)

과 목	제×(당)기 금액	제×(전)기 금액
Ⅰ. 매 출 액	×××	×××
Ⅱ. 매 출 원 가	×××	×××
1. 기초상품(또는제품)재고액		
2. 당 기 매 입 액 (또는제품제조원가)		
3. 기말상품(또는제품)재고액		
Ⅲ. 매 출 총 이 익 (또는매출총손실)	×××	×××
Ⅳ. 판 매 비 와 관 리 비	×××	×××
1. 급 여		
2. 퇴 직 급 여		
3. 복 리 후 생 비		
4. 임 차 료		
5. 접 대 비		
6. 감 가 상 각 비		
7. 무 형 자 산 상 각 비		
8. 세 금 과 공 과		
9. 광 고 선 전 비		
10. 연 구 비		
11. 경 상 개 발 비		
12. 대 손 상 각 비		
13.		
Ⅴ. 영 업 이 익 (또는 영업손실)	×××	×××
Ⅵ. 영 업 외 수 익	×××	×××
1. 이 자 수 익		
2. 배 당 금 수 익		
3. 임 대 료		
4. 유 가 증 권 처 분 이 익		
5. 유 가 증 권 평 가 이 익		

과목	제×(당)기 금액	제×(전)기 금액
6. 외 환 차 익		
7. 외 화 환 산 이 익		
8. 지 분 법 평 가 이 익		
9. 투자유가증권감액손실환입		
10. 투 자 자 산 처 분 이 익		
11. 유 형 자 산 처 분 이 익		
12. 사 채 상 환 이 익		
13. 법 인 세 환 급 액		
14.		
Ⅶ. 영 업 외 비 용	×××	×××
1. 이 자 비 용		
2. 기 타 의 대 손 상 각 비		
3. 유 가 증 권 처 분 손 실		
4. 유 가 증 권 평 가 손 실		
5. 재 고 자 산 평 가 손 실		
6. 외 환 차 손		
7. 외 환 환 산 손 실		
8. 기 부 금		
9. 지 분 법 평 가 손 실		
10. 투 자 유 가 증 권 감 액 손 실		
11. 투 자 자 산 처 분 손 실		
12. 유 형 자 산 처 분 손 실		
13. 사 채 상 환 손 실		
14. 법 인 세 추 납 액		
15.		
Ⅷ. 경 상 이 익	×××	×××
(또 는 경 상 손 실)		
Ⅸ. 특 별 이 익	×××	×××
1. 자 산 수 증 이 익		
2. 채 무 면 제 이 익		
3. 보 험 차 익		
4.		
Ⅹ. 특 별 손 실	×××	×××
1. 재 해 손 실		
2.		
Ⅺ. 법 인 세 비 용 차 감 전 순 이 익	×××	×××
(또는법인세비용차감전순손실)		
Ⅻ. 법 인 세 비 용	×××	×××
ⅩⅢ. 당 기 순 이 익	×××	×××
(또 는 당 기 순 손 실)		
(주당경상이익:×××원)		
(주당순이익:×××원)		

제3장 재산은 많은가…대차대조표

재산=빚과 밑천…대차대조표

기업의 밑천…자본

밑천이 새끼친 돈…자본잉여금

벌어서 모아둔 돈…이익잉여금

자본거래이지만 잘 모를 때…자본조정

빚…부채

빨리 갚아야 하는 빚…유동부채

천천히 갚아도 되는 빚…고정부채

회사 재산…자산

현금으로 빨리 바꿀 수 있는 자산…유동자산

현금으로 바꾸는 데 시간이 걸리는 자산…고정자산

자산의 비용과 채권손실 대비…감가상각과 대손상각

재무상황의 허점…대차대조표의 한계

재산과 이익 조작…분식결산

대차대조표 양식

기업도 부자가 좋다.
그러나 빚 많은 부자는 빛 좋은
개살구일 뿐이다. 재산이 많다고 무조건
좋은 것은 아니다. 주주의 몫이 얼마인지를
판단하는 것이 무엇보다 중요하다.
특히 불확실성이 클수록 빚에 대한 철저한
분석이 필요하다.

재산 = 빚과 밑천 … 대차대조표

　기업은 먼저 법인격을 부여받은 실체로서 스스로 재산을 가질 수 있다. 기업 재산이 얼마인지를 한눈에 알 수 있는 재무제표가 바로 대차대조표다. 대차대조표는 「대(貸)와 차(借)를 대조한 표」라는 말 그대로 풀이하면 재미있다. 먼저 「대」는 빌려준다는 의미다. 반면 「차」는 빌려온다는 뜻이다. 따라서 재무제표는 기업이 자금을 누구한테 빌려와서 어떻게 재산을 형성하고 있는 지를 보여주는 양식이라고 할 수 있다. 여기서 재산은 빌려줄 수 있다는 의미를 포함하고 있다고 할 수 있다.

　기업이 빌려오는 것은 두 가지로 구분될 수 있다. 먼저 기업이 끝까지 돌려주지 않고 영구히 빌릴 수 있는 것이 있다. 바로 **자본**이다. 자본은 기업의 밑천이다. 이는 형식상 기업 소유이지만 실질적으로는 자본을 댄 주주들의 몫이다.

　이와는 달리 나중에 갚기로 하고 임시로 빌리는 방법도 있을 것이다. 이를 **부채**라고 한다. 따라서 기업은 영업활동에 필요한 자금을 자본과 부채라는 방법으로 조달한다.

　이 자금은 기업 영업활동에 필요한 자산을 사는 데 쓰인다. 따라서 자본＋부채＝자산이라는 등식을 만들 수 있다. 대차대조표를 영어로 「Balance Sheet」라고 하는 이유가 여기에 있다.

즉 자본+부채=자산이라는 균형이 이루어지기 때문이다. 이는 자산의 재원으로서 넓은 의미의 자본이 사용됐다고 할 수 있다. 이 때 자본을 **자기자본**이라고 하고 부채를 **타인자본**이라고 표현하기도 한다.

대차대조표는 특정한 날의 기업의 재산 상태를 나타낸다. 따라서 기간의 개념이 있는 손익계산서와 차이가 난다. 여기서 특정한 날이란 일반적으로 회계년도 말을 의미한다. 그렇다고 회계년도 말에만 대차대조표가 작성되는 것은 아니다. 필요한 경우 아무 날을 기준으로 대차대조표를 만들 수도 있다.

기업회계기준은 대차대조표를 기업의 재무 상태를 명확히 보고하기 위한 수단으로 보고 있다. 또 대차대조표상에 자산, 부채, 자본 등을 구분하도록 하고 있다.

앞에서 설명했듯이 자본은 기업의 밑천을 의미한다. 이 말은 매우 포괄적이다. 흔히 자본이라고 하면 자산에서 부채를 제외한 금액을 말한다. 부채 또한 자본처럼 빌린 자금이다.

자금의 사용권한은 기업에 있다. 단지 부채는 미리 정한 날에 갚아야 한다는 점에서 자본과 다를 뿐이다.

자산은 영업활동에 필요한 재산을 말한다. 영업에 필요한 재산은 여러 가지가 있다. 하지만 부채 또한 다양하므로 이들은 한눈에 파악될 수 있도록 정리할 필요가 있다. 여기에는 여러 가지 방법이 있을 수 있다. 그러나 무엇보다도 현금이 최고다. 따라서 현금화되는 속도 순으로 배열하는 것이 가장 좋다.

그래도 늘어질 수 있다. 그렇게 되면 다시 크게 나누면 된다. 특히 영업활동 측정기간을 중심으로 구분하면 좋을 것이다.

여기서 1년 기준으로 유동과 고정으로 구분하는 방법을 생각해 볼 수 있다. 자산보다 부채부터 이야기하면 쉬워진다. 1년 안에 갚아야 하는 부채를 **유동부채**라고 한다. 반면에 1년 이후에 갚아도 되는 경우는 **고정부채**로 구분한다. 자산 또한 이 논리를 따르면 된다. 1년 안에 현금이 될 수 있는 것은 **유동자산**이라 한다. 그 이상은 **고정자산**이 된다.

자본은 기업이 존속하는 한 기업과 영구적으로 함께 한다. 이는 자산이나 부채와는 구분된다. 자본을 상세히 살펴보면 자본금과 잉여금으로 나뉘어 있다.

자본금은 주주들이 주권에 기재된 액면가대로 낸 자금을 말한다. 흔히 **납입자본금**이라고 한다. **잉여금**은 기업 내부에 남겨진 자금이다. 자본을 좀더 세부적으로 보면 자본금을 비롯해 자본잉여금, 이익잉여금, 자본조정으로 나눌 수 있다.

대차대조표 또한 손익계산서와 마찬가지로 총액을 기준으로 한다. 자산을 부채나 자본과 함께 서로 계산하여 생략하거나 차액으로 표시할 수 없다는 뜻이다.

단, 대손충당금이나 감가상각충당금은 대출채권이나 유형자산에서 직접 차감 또는 부기할 수 있다.

충당금을 제외하고 남은 순수 금액만 적는 경우에는 반드시 주석을 달아야 한다.

기업의 밑천 … 자본

　자본은 기업의 밑천이다. 여기에는 주주들이 납부한 자본금 외에도 기업활동으로 벌어들인 수익 등이 포함되어 있다.「자산=부채+자본」이라는 공식에서 자본은 자산에서 부채를 뺀 결과라는 사실을 이끌어낼 수 있다. 따라서 자산 측면에서 보면 자본은 순자산이 된다.
　이는 다른 말로 **장부가치**라고도 한다. 또 회사가 망할 때는 **청산가치**가 된다. 실제로 남은 자산을 팔아 생기는 처분가액과는 조금 다르다. 여기에는 자산의 현재가격이 계산되지 않기 때문이다. 하지만 주가에 발행주식수를 곱한 시가총액과는 구별된다.
　자본은 주주들의 몫이다. 투자자 측면에서 보면 기업의 내재가치가 된다. 흔히 장부가치를 내재가치로 간주한다. 이는 잘못된 것이다. 내재가치는 미래를 반영한다. 따라서 장부가치에「+알파」가 뒤따르는 것이 보통이다. 하지만 미래가 보이지 않으면 당연히「+알파」가 아닌「-알파」가 붙게 된다.
　자본은 주로 주주들이 납부한 자본금을 밑천으로 하고 있다. 즉 주식을 발행해 액면가로 계산한 것이 자본금이다. 이를 또 납입자본금이라고도 한다. 기업이 보통주 외에 우선주를 발행해 자본을 조달했다면 이를 구분해야 한다. 권리가 다른 자본을 구분하기 위해서다. 회사가 발행할 주식수(수권자본), 1주당 금액(액면가), 발행한 주식수증자와 감자 주식배당 등은 주석사항으로 기재한다.

　기업은 영업활동을 하면서 이익을 낸다. 이 이익 모두가 주주에게 배당되는 것은 아니다. 일부는 남아서 기업의 내부 유보금이나 이익잉여금이 된다.

　기업은 증자나 감자를 통해 자본금을 늘리거나 줄이기도 한다. 납입자본금의 조정 과정에서 잉여금이 발생한다. 액면가가 아닌 시가증자를 하면 그 액면가는 납입자본금에 더해진다.

　따라서 시가와 액면가의 차액이 남게 된다. 즉 넘치는 자금만큼 잉여금이 된다. 이는 영업활동의 결과가 아니라 자본거래에서 발생한다. 따라서 이익잉여금과 구별하기 위해 자본잉여금이 등장한다. 기업이 늘 이익만을 내는 것은 아니다. 때로는 적자로 인해 결손이 나타날 때도 있다. 잉여금이나 결손금의 처리는 이익잉여금처분계산서에서 상세히 다루고 있다.

유상증자와 무상증자

　기업은 필요에 따라 자본금을 늘린다. 이를 증자라고 한다. 증자 재원에 따라 무상증자와 유상증자로 구분된다. **무상증자**는 잉여금을 자본으로 전입시키면서 이루어진다.

　이 때 발행되는 신주는 주주들에게 골고루 배분된다. 따라서 재무제표상에는 아무런 변화가 없다. 단지 자본금이 늘고 잉여금이 줄어드는 변화만 있을 뿐이다. 즉 기업의 장부가치는 그대로라는 뜻이다.

그러나 시장에서는 무상증자를 호재로 받아들여 주가가 오르는 경우가 많다. 신주가 늘어나면서 유동성이 높아져 주가가 오를 수 있다고 해석해 볼 수 있다. 하지만 신주발행으로 물량이 많아져 오히려 주가에 부담이 되기도 한다.

유상증자는 말 그대로 대가를 받고 자본금을 늘리는 것을 말한다. 기업의 입장에서 보면 신주를 매각한다는 의미가 된다. 따라서 매각대금이 들어오게 된다. 현금이 유입되면서 자본금이 늘어난다. 자본이 늘어나는 만큼 자산도 증가한다. 신주발행 가격이 액면가라면 자본금만 늘어나게 된다. 그러나 액면가보다 높은 가격으로 발행되면 납입자본금 증가와 더불어 주식발행초과금이라는 자본잉여금이 발생한다.

밑천이 새끼친 돈 … 자본잉여금

자본잉여금은 증자나 감자와 같이 자본거래에서 발생한 잉여금이다. 이는 영업 활동과는 상관이 없다. 따라서 손익계산서를 거치지 않고 곧바로 자본계정으로 들어온다. 자본잉여금은 재원에 따라 크게 주식발행초과금, 감자차익금, 기타자본잉여금으로 구분된다.

주식발행초과금은 액면가가 아닌 시가로 신주 발행을 할 때 발생한다. 말하자면 시가 증자가 주식발행초과금의 재원이 되는 셈이다.

액면가에 발행주식수를 곱한 금액은 자본금에 가산된다. 그리고 자본금을 제외하고 남은 금액은 주식발행초과금으로서 자본잉여금에 자리한다. 이 때 신주 발행비용은 직접 제외하고 그 남는 금액만 계산된다. 신주발행 비용은 신주발행 수수료, 주권 인쇄비, 주식모집 광고료, 등록세 등을 포함한다.

감자차익은 주식발행초과금과 달리 자본금을 줄일 때 발생하는 차익을 말한다. 액면가보다 낮은 주식을 사들여 감자를 하는 경우, 액면가와 매수가격의 차액이 바로 감자차익이 된다. 이 또한 자본거래다. 액면가보다 높은 주식을 매수해 자본감소를 하면 감자차손이 발생한다. 감자차손은 감자차익이 있으면 여기서 먼저 상계하고, 그래도 부족하면 결손금 처리를 하게 된다.

기타자본잉여금은 주로 자기주식처분이익을 말한다. 자기주식을 매수했다가 팔아서 이익이 나면 그 차액이 바로 **자기주식처분이익**이다. 이에 앞서 **자기주식처분손실**이 있으면 이를 먼저 차감하고 자본잉여금으로 잡는다.

자본잉여금은 자본전입을 주목적으로 하고 있다. 쉽게 말하면 이는 무상증자의 재원이 된다. 자본잉여금이 많으면 무상증자 가능성도 크다고 할 수 있다.

아울러 기업 결손이 나는 경우 이를 메울 수도 있다. 즉 경영이 어려울 때도 버틸 수 있다는 뜻이 된다. 여기서 자본잉여금이 많으면 기업의 장부가치도 높아진다. 또한 주가도 높게 형성되는 것이 일반적이다.

벌어서 모아둔 돈 … 이익잉여금

이익잉여금이란 경영성과인 이익 가운데 배당 등으로 회사 밖으로 나가지 않고 내부에 쌓인 자금을 말한다. 흔히 이를 **유보이익**이라고 한다. 이익잉여금은 용도가 정해진 처분이익잉여금과 그렇지 않은 미처분이익잉여금으로 나눠진다.

처분이익잉여금은 법이나 계약에 따른 특별용도에 쓰기 위해 적립된다. 따라서 배당 등으로 회사 밖으로 유출될 수 없다. 이를 사용 목적에 따라 다시 구분하면 이익준비금, 기타법정적립금, 임의적립금, 차기이월이익잉여금 등으로 세분된다.

이익준비금은 상법 규정에 따라 적립이 의무화되어 있다. 상법에서는 매 결산기마다 현금 배당의 10분의 1을 이익준비금으로 계산하도록 하고 있다. 그 한도는 자본금의 절반에 이를 때까지다. 만일 한도를 넘으면 임의적립금으로 본다.

기타법정적립금은 상법 이외의 법령에 따른 적립금을 말한다. 여기에는 기업합리화적립금, 재무구조개선적립금 등이 있다.

임의적립금은 정관의 규정이나 주주총회 의결에 따라 용도가 정해진 적립금이다. 예를 들면 사업확장적립금, 배당평균적립금, 결손보전적립금 등이 대표적이다.

기타법정적립금과 임의적립금의 차이는 법령에 따라 적립여부가

결정되는 것은 아니다. 자본전입과 이월결손금의 보전 외의 목적에 쓸 수 있는지 없는지가 이를 구분하는 기준이 된다. 다시 말해 임의적립금은 자본전입이나 이월결손금 보전 외에 다른 용도로도 사용될 수 있다는 말이 된다. 다른 용도로 쓸 경우에는 반드시 정관에 기재되어 있거나 주주총회의 승인을 받아야 한다.

차기이월이익잉여금은 다음 회계년도 당기순이익과 함께 처분이익잉여금과 배당의 재원이 된다. 차기 이익잉여금처분계산서에서는 **전기이월이익잉여금**으로 표시된다.

자본거래이지만 잘 모를 때 … 자본조정

자본조정이란 주주지분에 가감되어야 하는데 최종 결과가 확정되지 않아 별도로 관리되는 자본을 말한다. 어느 자본계정에서 처리해야 할지를 뚜렷하게 모를 때도 자본조정에 집어넣는다. 한 마디로 임시적인 성격의 자본을 말한다.

일반적으로 이는 부채와 자본의 성격을 동시에 갖고 있다. 자본조정에는 주식할인발행차금, 배당건설이자, 자기주식, 투자주식평가손익, 미교부주식배당금, 해외사업환산대차, 감자차손, 자기주식처분손실 등이 있다. 이러한 자본계정은 이익잉여금 다음에 별도 항목으로 표시되며 자본에 더해지거나 빼주는 형식으로 기재된다.

주식할인발행차금은 납입되지 않은 자본금을 말한다. 즉 주식발행가격이 액면가를 밑도는 경우 미달되는 금액을 말한다. 이는 주식발행초과금의 반대라고 보면 된다. 하지만 액면가를 밑돌아도 자본금은 액면가 그대로 기재한다. 단 차액은 자본의 차감항목으로 잡으면 된다. 만일 주식발행초과금이 있으면 주식할인발행차금을 먼저 상계한다. 그래도 채우지 못하면 이익잉여금으로 메워나간다. 3년 간 같은 금액(정액법)으로 처리한다. 결손금이 있는 경우에는 다음 해로 넘길 수 있다.

배당건설이자는 사업의 성격상 영업을 조기에 개시하기가 어려워 개업 전에 주주에게 배당한 이자를 말한다. 개업 전이라는 말은 영업활동이 이루어지기 이전을 뜻한다. 그러므로 정상적인 영업활동 수익이 있을 수 없다. 따라서 배당을 할 수가 없다. 그러나 개업시기까지 오랜 시간이 걸리는 경우 배당을 미리 하면 배당건설이자로 처리한다. 배당건설이자 또한 자본의 차감계정으로 잉여금으로 상각한다. 여기서 「건설」이라는 의미는 진행 중이라는 뜻이지, 건물을 짓는다는 얘기가 아니다.

자기주식은 이미 발행된 자기회사 주식을 회사가 매수한 것이다. 또 주주로부터 증여를 받을 때도 자기주식이 된다. 자기주식은 다시 매각하거나 소각된다. 자기주식은 스스로 발행한 주식이기는 하지만 매수한 만큼 자산으로 볼 수도 있다. 매각을 하면 현금이 유입되기 때문이다.

그런데 자기주식처분이익이 발생하면 배당 재원이 됨으로써 사외유출이 가능해진다. 또 이를 자산으로 보면 자기자본 충실의 원칙도 무너진다. 아울러 회사가 자산의 일부를 소유하게 되는 문제가 발생한다. 따라서 자기주식의 본질은 주주로부터 조달한 자본을 되돌려준 것으로 본다. 이는 「환급된 자본」인 만큼 자본에서 차감된다. 결국 주식의 권리가 소멸된다. 다시 말해 의결권, 신주인수권, 배당도 없다는 말이다.

상법에서는 주식의 소각, 합병, 주주의 매수청구권 행사 등 제한적 범위에서 자사주 취득을 허용하고 있다. 그러나 증권거래법에서는, 상장회사와 코스닥기업은 배당가능이익한도 내에서 자기주식의 취득을 허용하고 있다.

자기주식을 매각해 수익이 나면 기타이익잉여금인 자기주식처분이익으로 처리한다. 반대로 손실이 나면 우선 자기주식처분이익과 상계를 한다. 그래도 손실을 메우지 못하면 자기주식처분손실로 자본조정에서 처리한다.

액면가 × 발행주식수 ≠ 자본금

회사가 발행한 주식수는 대차대조표에 액면가와 더불어 주석으로 기재된다. 따라서 일반적으로 액면가에 발행주식수를 곱하면 자본금이 된다. 그러나 이 공식이 항상 성립되지 않는 경우가 발생한다.

　자기회사 주식(자사주)을 매수해 이익으로 소각하는 경우가 그렇다. 주식을 소각하면 발행주식수만 줄어들 뿐 자본금은 그대로다. 이 때 발행주식수에 액면가를 곱하면 자본금이 되지 않는다. 자본금을 발행주식수로 나누면 실질 액면가가 나온다..이는 주권에 기재된 액면가보다 높게 된다. 자사주의 이익소각 외에 상환을 전제로 발행되는 상환주를 발행한 후 대금을 갚는 경우에도 마찬가지 현상이 일어난다.

　미교부주식배당금이란 주식배당을 예정하고 있으나 아직 주주총회 승인을 받지 않아 자본금에 가산되지 못하고 있는 금액이다. 주식배당을 하려면 일단 이사회의 의결을 거쳐야 한다. 이 배당은 이익잉여금처분계산서에 반영된다. 아울러 이는 자본금에 가산될 금액이다. 그러나 결산안이 확정되지 않은 만큼 자본조정에 임시로 자리를 하게 된다. 그리고 주주총회 승인을 받으면 자본금으로 편입된다.

　투자주식평가손익에서 투자주식은 단기차액 실현을 목적으로 하지 않고 있다. 따라서 시가를 반영하면서 나타나는 투자주식평가손익은 장기보유손익이 된다. 이는 손익계산서에서 처리하지 않고 자본조정에서 처리한다. 평가손실이 난 경우는 평가이익과 먼저 상계한 다음 자본조정에서 차감된다.

　투자주식매각손익은 투자주식처분손익에 가감된다. 중대한 영향력을 행사할 수 있을 만큼 다른 기업의 주식을 소유하는 경우에는 지분법(나중에 설명한다)을 적용한다. 지분법에 의한 평가손익의 발생

원천이 자본조정이었다면 투자주식평가손익이 됨으로써 자본조정의 대상이 된다.

해외사업환산대차란 본영업이나 재무활동이 본점과는 독립적으로 이루어지고 있는 해외사업장의 원화환산손익을 말한다. 이는 본사 영업활동과는 관련이 없다. 따라서 자본조정으로 처리한다.

 빚 … 부채

부채는 기업이 갚아야 하는 채무를 말한다. 조금 어렵게 표현하면 기업이 부담해야 할 경제적 의무다. 우리가 흔히 알고 있는 빚으로 이해하면 된다.

부채는 자본과 함께 자산의 재원이다. 자본을 자기자본이라고 할 때 부채는 **타인자본**이 된다. 즉 다른 사람의 자본이기 때문에 그 대가를 지불해야 한다. 이를 이자라고 한다. 빚이 많으면 이자 부담이 늘어난다. 따라서 기업수익이 악화된다. 영업을 해서 수익을 냈으나 이자 부담조차 감당하지 못하는 기업도 많다. 특히 이자는 실세금리와 연동된다. 금리가 오르면 이자 부담이 늘어나고 실적도 악화된다는 뜻이다.

부채는 갚아야 하는 상환기간이 짧은 것이 있고 긴 것도 있다. 일반적으로 기업들의 회계기간인 1년을 기준으로 유동부채와 고정부채로 나뉜다.

유동부채란 1년 안에 갚아야 하는 부채를 말한다. 1년이라는 기간은 대차대조표 작성일의 기준이 된다. 대차대조표 작성일로부터 부채 상환기간이 1년 넘게 남았으면 **고정부채**가 된다.

부채는 일반적으로 현금으로 상환된다. 그러나 자산을 이전하거나 용역을 제공해 소멸되기도 한다. 출자전환이라는 말처럼 자본전환의 방법으로 없어지기도 한다. 아울러 채권의 권리 포기나 상실 등으로 탕감되기도 한다.

빨리 갚아야 하는 빚 … 유동부채

유동부채는 1년 안에 갚아야 하는 부채를 말한다. 이는 주로 영업활동이나 경상활동에서 발생한 비용의 지급을 미루면서 나타난다. 고정부채의 상환시기가 1년 안으로 다가오면 유동부채로 전환되기도 한다.

상환시기가 빠른 만큼 자금 수급에 치밀한 대응이 필요하다. 유동부채가 많으면 현금 부족사태가 일어날 수 있다. 수치상 흑자라고 해도 유동부채를 갚지 못할 정도로 현금흐름이 없다면 부도에 직면하게 된다. 흔히 부도라는 것은 유동부채를 갚지 못해서 발생하는 것이다. 고정부채의 상환기간은 아직 남아 있기 때문이다. 투자자라면 주의 깊게 살펴볼 필요가 있다.

유동부채에는 매입채무, 단기차입금, 미지급금, 예수금, 미지급비용, 미지급법인세, 미지급배당금, 유동성장기부채, 선수수익, 부채성 충당금 등이 있다.

매입채무는 일반적인 상거래에서 발생하는 외상매입금, 지급어음 등을 말한다. 원자재를 구입하면서 외상으로 가져왔으면 **외상매입금**이 된다. 이를 갚기 위해 어음을 끊어주면 **지급어음**이 된다.

단기차입금은 당좌차월과 같이 유동부채의 상환이나 비용지급을 위해 금융기관에서 단기적으로 빌려온 자금이다.

당좌차월이란 일시적인 자금부족에 대비해 은행이 당좌예금보다 많은 자금의 인출을 허용하는 것을 말한다. 흔히 기업의 마이너스 통장으로 이해하면 쉽다.

미지급금은 일반적인 상거래 이외에서 발생한 채무를 말한다. 이에 반해 미지급비용은 월급이나 세금과 같이 이미 발생했으나 아직 지급하지 않은 부채를 말한다. 외상매입금과의 차이는 원자재가 아닌 일반 물품이나 용역구입에 해당된다는 점이다.

예수금은 일반적인 상거래가 아닌 거래에서 발생한 자금이다. 주로 세무서 등 외부로 나갈 자금이 임시로 회사에 남아 있는 경우다.

미지급법인세는 말 그대로 조만간 내야 하는 법인세를 말한다.

미지급배당금은 주주에게 분배되지 않은 배당금을 말한다.

유동성장기부채는 고정부채 중 만기가 1년 안에 도래하는 부채를 말한다.

선수수익은 미리 챙긴 수익을 말한다. 이는 용역제공을 약속하고 돈부터 챙긴 셈이다. 용역이 제공되면 수입으로 계산된다.

부채성충당금은 1년 내 사용되는 충당금을 말한다. 즉 하자보수나 애프터서비스 등을 위한 충당금을 예로 들 수 있다.

천천히 갚아도 되는 빚 … 고정부채

상환 기간이 1년 이상 남아 있는 부채를 말한다. 자금이 오래 묶이는 시설 투자 등에 이용한 자금 조달에 따른 부채다. 예를 들면 사채, 장기차입금, 장기성매입채무, 장기부채성충당금 등이 있다. 시간이 흐르면서 유동부채인 유동성장기부채로 바뀌면서 상환이 이루어지는 것이 순서다. 그러나 새로운 채무를 발생시켜 기존 채무를 갚는 차환으로 존속·존립하는 것이 일반적이다.

사채란 회사채를 말한다. 이는 주식과 함께 대표적인 유가증권이다. 흔히 사채라고 하면 담보나 보증이 없는 일반 회사채를 말한다. 즉 만기와 이자율만 있는 채권으로서 그 밖의 조건은 없다. 만기는 기업마다, 또는 채권마다 상황에 따라 달리 정해진다. 하지만 일반적으로 3년 만기가 많다. 이자는 실세금리와 기업의 신용도 등에 따라 정해진다. 만기 이전에는 이자가 지급된다. 그리고 만기가 되면 이는 상환과 더불어 소멸된다.

일반 사채와 달리 담보가 붙으면 **담보부사채**가 된다. 금융기관이 지급보증을 하면 **보증사채**가 된다. 이처럼 보증이나 담보가 있으면 상환 가능성이 높아진다. 따라서 이자가 일반사채보다 낮다.

사채이기는 하지만 주식의 성격을 가진 회사채도 있다. 이를 **희석증권**이라고 한다. 예를 들면 전환사채(CB), 신주인수권부사채(BW), 교환사채(EB) 등이다.

전환사채는 주식으로 전환될 수 있는 사채를 말한다. 전환이라는 권리가 행사되면 채권이 바로 주식으로 바뀐다. 따라서 기업으로의 자금 유입은 없다. 단지 부채가 줄고 자본금이 늘어난다. 투자자 입장에서 보면 발행주식수가 늘어나게 된다. 따라서 그만큼 시장에 물량 부담을 주게 된다.

신주인수권부사채는 신주를 인수할 수 있는 권리가 있는 사채다. 신주인수라는 권리가 행사되면 기업은 신주를 발행한다. 물론 신주는 유상이기 때문에 기업에 현금이 유입된다. 이 때 채권은 신주인수라는 권리만 박탈될 뿐 그대로 존속한다. 따라서 신주인수권부채권의 권리 행사가 있어도 부채 규모는 변하지 않는다. 그러나 자본금은 늘어난다. 자본금이 늘어나는 만큼 회사에 현금이 유입된다.

전환사채는 권리행사에 따라 채권자가 주주로 바뀐다. 반면에 신주인수권부사채의 권리행사는 채권자에게 주주의 지위도 아울러 겸

하게 한다.

교환사채는 채권이 주식으로 바뀐다는 점에서 전환사채와 비슷하다. 단지 채권발행회사의 주식이 아닌 다른 회사 주식으로 교환된다. 물론 교환되는 주식은 채권발행회사가 갖고 있는 주식을 말한다. 교환권이 행사되면 부채가 줄어드는 만큼 자산도 감소한다. 채권자가 다른 회사 주주가 된다는 점도 알아두면 투자에 도움이 된다.

장기차입금이란 금융기관에서 빌린 자금으로 상환기간이 1년 이상인 빚을 말한다.

장기성매입채무는 일반 상거래에서 발생한 채무 중 유동부채에 속하지 않는 채무를 말한다.

부채성충당금은 1년 이상 사용되는 충당금을 말한다. 예를 들면 **퇴직급여충당금**이 대표적이다. 이는 종업원 퇴직에 대비해 쌓아놓은 자금이다. 이처럼 부채성충당금은 지급시기나 지급규모를 알 수 없는 추정부채다. 공사보증충당금, 수선충당금 등도 여기에 포함된다.

회사 재산 … 자산

한 마디로 자산이란 회사재산이다.
이른바 현금도 있으며 부동산도 있다.

그 밖에 특정권리도 자산에 들어간다. 자산의 재원으로는 자본과 부채가 있다. 아울러 자산은 기업의 미래 현금 창출에 쓰이는 재원이 된다. 달리 표현하면 자산은 기업의 미래 비용이 된다는 뜻이다. 물건이나 서비스를 제공(매출)함으로써 기업에 현금이 들어온다. 여기서 이익이 남으면 자본으로 계산되며 자산이 증가하게 된다.

자산도 부채처럼 유동자산과 고정자산으로 구분된다. 그 기준은 1년 내 현금화의 여부다. 즉 1년 이내 현금화될 수 있다면 **유동자산**이 된다. 하지만 현금화되는 데 1년 이상이 걸리면 **고정자산**으로 분류된다.

땅이나 건물 등은 팔려고만 한다면 1년이 아니라 당장이라도 팔 수 있다.

그렇다면 이를 유동자산으로 보아야 할까?

그렇지 않다. 「유동과 고정」의 구분은 정상적인 영업활동을 하는 데 있어 현금화되는 기간에 따른다.

제조 또는 판매회사가 부동산을 사고 파는 것은 본업이 아니다. 이들 회사는 이익창출을 위해 부동산을 보유하는 게 아니다. 따라서 계속 갖고 있다는 전제가 따른다. 부동산이 고정자산으로 분류되는 이유를 여기서 찾아볼 수 있다. 전반적으로는 자산의 비용화가 단기인지 장기인지를 구분해 보면, 유동자산인지 고정자산인지 쉽게 알 수 있을 것이다.

유동자산은 당좌자산과 재고자산으로 다시 구분된다. 고정자산은 투자자산, 유형자산, 무형자산 등으로 다시 나뉜다.

현금으로 빨리 바꿀 수 있는 자산… 유동자산

유동자산은 1년 이내에 현금화할 수 있는 자산을 말한다. 한 회계기간 내 동원할 수 있는 현금 규모를 말하기도 한다. 이는 1년 이내에 갚아야 하는 유동부채와 비교된다. 유동부채가 유동자산보다 많으면 문제가 심각해진다. 기업이 현금부족 사태에 몰릴 수 있기 때문이다. 손익계산서에서 흑자를 내고 있어도 현금이 없다면 부도에 직면할 수 있다.

이른바 부자거지라는 말이 있다. 이는 부동산과 같은 재산이 많아 부자지만 현금이 없어 늘 쩔쩔매는 사람을 말한다. 따라서 유동자산을 볼 때는 반드시 유동부채를 함께 보아야 한다. 유동자산은 당좌자산과 재고자산으로 분류되어 대차대조표에 구분 표기된다.

당좌자산은 곧장 현금화될 수 있는 자산을 말한다. 예를 들면 현금 및 현금등가물, 단기금융상품, 유가증권, 매출채권, 단기대여금, 미수금, 미수수익, 선급금, 선급비용 등이다.

현금 및 현금 등가물은 현금이나 수표와 같은 통화대용증권과 현금과 같은 예금을 우선 들 수 있다.

현금등가물은 단기금융상품이나 유가증권을 말한다. 단 이들은 적은 비용으로 현금으로 전환이 쉬워야 한다. 즉 취득할 때 만기나 상환일이 적어도 3개월 이내여야 한다. 여기에 상환이자율 변동에 따른 가치변동의 위험도 적어야 한다는 조건이 붙는다.

단기금융상품은 단기 자금운용을 목적으로 갖고 있는 상품을 말한다. 정기예금, 정기적금, 사용이 제한된 예금 등이 여기에 속한다. 단 만기가 1년 이내여야 한다. 또 사용이 제한된 금융상품의 경우는 주석으로 그 내용을 설명해야 한다.

유가증권은 주식 채권 등 단기자금을 운용하기 위한 증권을 말한다. 단 시장성이 있어야 한다. 다시 말해 상장기업이나 코스닥기업이 발행한 유가증권을 말한다.

매출채권은 일반적 상거래에서 발생한 외상매출금과 받을어음을 말한다. **받을어음**은 외상매출금을 대신해 발급받은 어음을 말한다. 이는 유동부채의 매입채무와 달리 받을 자금이다.

단기대여금은 받을 기간이 1년 이내인 대여금을 말한다.

미수금은 일반상거래 이외에서 발생한 미수채권을 말한다. 이는 영업활동 이외의 거래에서 발생한 미수 대금의 규모를 나타낸다.

미수수익은 당기에 수익으로 계상되나 아직 받지 못한 수익을 말한다. 용역을 제공했으나 아직 돈을 받지 못한 경우가 이에 해당된다.

선급금은 상품이나 원재료 등을 사기 위해 미리 지급한 돈을 말한다. 계약금이나 중도금 등이 지불됐으나 아직 상품은 인도되지 않은 상태다.

선급비용은 미리 지급된 비용 중에서 1년 이내 손익계산서의 비용으로 계산될 금액을 말한다.

재고자산은 생산이 끝났거나 생산 중인, 또는 재료 등을 말한다. 다시 말해 판매나 생산을 대기하고 있는 재료 등을 의미한다. 상품,

제품, 반제품, 재공품, 원재료, 저장품 등이 여기에 속한다.

상품과 제품은 완제품이라는 점에서 동일하다. 그러나 **상품**은 외부에서 판매를 목적으로 구입한 것을 말한다. 반면에 **제품**은 회사가 제조한 상품이다. 제품을 제조하면서 생긴 부산물도 제품에 포함된다.

반제품은 제조를 한 중간 제품과 부분품을 말한다.

재공품은 제품이나 반제품의 제조를 위한 공정에 있는 상품이다. 반제품과 차이점은 매매가 가능한지의 여부다. 반제품은 제품으로 매도가 가능하다. 반면 재공품은 자체 매도가 어려운 제품이라는 점에서 차이가 난다.

원재료는 당연히 원료와 재료를 뜻한다. **저장품**은 소모품, 소모공구, 소모기구, 수선용 부분품 등을 말한다.

재고품은 회사에 오래 머물면서 가치가 감소하기도 한다. 양적인 손해는 **감모손실**이라고 한다. 그리고 가격하락에 의한 손실은 **평가손실**로 본다. 둘 다 영업외비용으로 계산된다.

현금으로 바뀌는 데 시간이 걸리는 자산 … 고정자산

고정자산은 현금화하는 데 1년 이상이 걸리는 자산을 말한다. 즉 환금성이 아주 늦은 자산을 뜻한다. 이를 달리 말하면, 두고두고 나눠서 비용으로 계산할 수 있는 자산이라 할 수 있다. 예를 들면 공장은 제조에 필요한 설비다. 시간이 흐르면서 가치가 상실되지만 1년 만에 없어지지는 않는다. 공장 설립에 많은 돈이 들어갔으나 여러 해에 걸쳐 소요되는 비용으로 인식해야 한다. 고정자산은 투자자산, 유형자산, 무형자산의 순서로 대차대조표에 기재된다.

투자자산은 투자기간이나 회수기간이 1년 이상인 자산이다. 장기금융상품, 투자유가증권, 장기대여금, 장기성매출채권, 투자부동산, 보증금 등이 여기에 속한다.

장기금융상품은 현금으로 찾는 데 1년 이상이 걸리는 금융상품이다. 즉 유동자산에 속하지 않는 금융상품을 말한다.

투자유가증권은 여유자금을 좀더 장기적인 차원에서 투자한 유가증권을 말한다. 그러나 실제로는 기업지배나 경영권 장악을 위해 오랜 기간에 걸쳐 투자하는 유가증권을 말한다.

주식의 경우는 지분율이 20% 이상으로 높아지면 관계회사주식으로 변하기도 한다. 지분율이 30%를 초과하면서 최대주주가 되거나 지분율이 50%를 넘으면 연결재무제표를 작성해야 한다.

투자유가증권은 시세가 형성된다. 따라서 팔지 않더라도 평가를 하면 손익이 발생한다. 그러면 시가와 장부가를 비교해 평가를 한다. 이 때 발생되는 평가손익은 자본조정에 계상한다.

장기대여금은 임직원에게 장기적으로 빌려준 돈을 말한다.

장기성매출채권에는 상환기간이 1년 이상인 외상매출금과 받을

어음이 해당한다.

투자부동산은 투자를 목적으로 하거나 비영업용 부동산으로 토지나 건물 등을 말한다.

보증금은 전세권, 전신전화가입권, 임차 및 영업보증금 등을 말한다.

유형자산은 실체가 있는 자산이다. 토지, 건물, 구축물, 기계장치, 선박, 차량운반구, 건설 중인 자산 등이 이에 속한다. 토지를 제외하고는 시간이 흐르면서 노후화되는 등 경제적 가치가 감소한다. 이를 감가상각이라고 한다.

토지는 대지, 임야, 전답, 잡종지 등으로 구분한다.

건물은 건물 외에 냉·난방, 조명 및 부속설비 등을 포함한다.

구축물은 교량, 부교, 갱도, 굴뚝 등 토목설비나 공작물을 말한다.

기계장치, 선박, 차량운반구 등은 말 그대로다.

건설 중인 자산은 앞으로 유형자산으로 될 것이지만 아직 완공되지 않은 건물이나 기계를 포함한다.

무형자산은 말 그대로 형태가 없는 자산이다. 이는 주로 권리를 말한다. 영업권, 산업재산권, 광업권, 어업권, 차지권, 창업비, 개발비 등이 이에 속한다.

영업권은 프리미엄을 말한다. 이는 합병, 영업양수 및 전세권 취득 등에 의해 생긴다. 영업권은 반드시 유상으로 취득해야만 한다.

산업재산권은 특허권, 실용신안권, 의장권, 상표권 등이 이에 속한다. 이는 일정기간 독점적이며 배타적인 이용이 가능해야 한다.

광업권과 **어업권**은 광물이나 어업을 경영할 수 있는 권리를 말한다.

차지권은 임차료나 지대를 주고 다른 사람의 토지를 이용할 수 있는 권리를 말한다.

창업비는 창업에 들어간 비용이다. 여기에는 발기인 보수, 인수수수료, 설립등기비, 주식발행비 등 창업에 소요된 비용과 사업 인가나 허가에 들어간 비용이 포함된다.

개발비는 신제품이나 신기술 등에 관련된 비용이다. 개별적으로 식별이 가능하고 장차 경제적 효익을 확실하게 기대할 수 있어야 한다.

자산의 비용과 채권손실 대비…
감가상각과 대손상각

받아야 할 빚은 모두 받는 것이 당연하다. 그러나 때때로 받지 못하고 떼먹힐 때가 있다. 부실채권이 되는 것이다. 이를 회계학에서는 **대손**이라고 한다. 즉 빌려줘서 손해를 보았다는 뜻이다.

거의 대부분의 기업은 대손을 입을 가능성이 있다. 따라서 기업은 이에 대비할 필요가 있다. 채권의 일정 부분을 아예 받지 못할 것으로 간주하기도 한다. 그리고 못 받을 것으로 예상되는 만큼을 비용으로 처리한다. 이를 **대손상각**이라고 한다. 영업에 관련된 대손상각이면 판매관리비에서 처리한다. 그 밖에는 당연히 영업외비용이 된다.

대손상각을 많이 하면 그만큼 이익이 줄게 된다. 정부나 주주입장에서 좋을 이유가 없다. 따라서 세법에서는 채권 총액의 1%만을 대손상각할 수 있도록 규정하고 있다. 그런데 대손상각은 실제 발생한 비용은 아니다. 단지 받지 못할 것이라고 볼 뿐이다. 따라서 채권마다 얼마나 받지 못할 수 있는지의 의미를 나타내면 된다. 그리고 해당채권에서 차감해서 계산할 수 있도록 표시한다. 다시 말해 채권 규모를 그대로 적고 바로 밑에 괄호를 이용해 대손충당금을 적는다.

중요한 점은 대손충당금이라고 해서 대손충당을 위한 적립금으로 보아서는 안 된다는 것이다. 이는 대손을 입을 경우를 가정해 순수 채권규모가 어느 정도라는 것을 알려주려는 데 그 목적이 있다. 즉 채권평가 계정으로 이해하면 된다.

토지를 제외한 유형자산은 세월이 흐르면서 가치가 줄어든다. 이는 노후화되거나 진부화되기 때문이다. 그렇다고 가치가 완전히 소멸되지는 않는다. 최소한 고물로 처리할 수 있다. 이를 **잔존가치**라고 한다.

잔존가치는 자산에 따라 다르다. 대체로 매수가격의 10%를 잔존가격이라고 한다. 따라서 매수가격에서 잔존가치를 제외한 금액을 상각해야 한다. 다시 말해 비용으로 처리해야 한다. 그렇다면 자산별로 수명이 정해져야 한다. 자산의 수명을 달리 표현하면 **내용연수**라고 할 수 있다.

자산별 내용연수는 세법에 정해져 있다. 이 기간 동안에 상각을 해 비용으로 계산할 수 있다.

상각 방법에는 매년 같은 금액을 비용으로 처리하는 정액법이 있다. 또한 처음에 상각을 많이 하는 가속상각법도 있는데, 매년 장부가액에 일정률을 곱해 상각하는 정률법이 많이 이용된다. 경우에 따라서는 정액법에서 정률법으로, 또는 그 반대로 상각방법을 바꾸는 경우가 있다. 감가상각 누계액은 대손충당금과 마찬가지로 해당 자산에서 차감되는 형식으로 표시된다.

 무형자산은 독점적이거나 배타적 이용권인 만큼 사용기간이 정해져 있다. 따라서 그 기간 내에 역시 비용으로 처리해야 한다. 이 또한 상각이라고 한다. 바로 상각대금만큼 직접 빼서 대차대조표에 계산한다. 이는 대손충당금과 감각상각누계액의 차감 형식이 아니라는 점이 특이하다.

재무상황의 허점 … 대차대조표의 한계

 대차대조표는 기업재무상태에 관한 정보를 제공해준다. 아울러 장·단기 지급능력을 보여준다. 그러나 이러한 유용성에도 한계를 갖고 있다. 따라서 대차대조표를 이용하는 사람은 이러한 한계를 잘 살펴야 한다.

 자산은 흔히 미래의 경제적 이익을 가져다 주는 자원이라고 한다.

그러나 기업이 갖고 있는 자산을 모두 표시하고 있지는 못하다. 예를 들어 브랜드 가치라든가 경영진의 능력, 그리고 연구개발인력 등과 같은 인적 자원에 대한 정보를 갖지 못한다. 이러한 질적 자산은 객관적인 화폐가치로 측정할 수 없기 때문이다.

대차대조표에 표시된 금액은 모두 취득시의 가격이다. 이를 **역사적 원가**라고 한다. 아울러 자산을 보유하면서 늘어나는 가치를 반영할 수 없다. 이는 대차대조표의 금액은 회사 설립 때만 적정하다는 의미가 된다. 유형자산의 내용연수는 기업 임의로 추정한다. 이는 대차대조표상의 금액이 정확한 가치를 나타내는 것은 아니라는 뜻이다. 그러므로 대체적인 회계처리 방법이 존재한다. 따라서 회계처리 방법을 바꾸면 비교 가능성이 낮아진다.

마지막으로 분식이 가능하다. 있지도 않은 가공의 자산을 계상하거나 부채를 감추기도 한다.

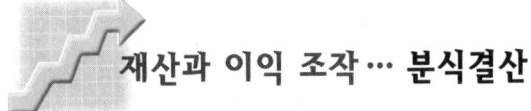

재산과 이익 조작 … 분식결산

요즈음 **분식결산**이라는 말을 자주 접할 수 있을 것이다. 이는 재무제표를 사실과 달리 왜곡해 작성하는 것을 말한다. 경영자를 비롯해 외부감사인마저 재무제표에 대한 신뢰도는 높지 않다고 한다. 이는 분식된 재무제표를 근거로 경제적 의사결정을 한 수많은 이해관계자들의 재산 손실을 불러온다. 나아가 대우 사태처럼 국가경제의 근간을 해치기도 한다. 즉 이는 반사회적인 범법행위로서 근절돼야 한다.

분식 동기

재무제표 분석은 곧잘 여자의 얼굴화장으로 비유된다. 여자는 아름다움을 더욱 돋보이게 하기 위해 화장을 한다. 그러나 재무제표의 화장은 수많은 이해관계자의 경제적 손실을 가져오며 개인의 이익을 챙긴다는 점에서 용납될 수 없을 것이다.

기업이 분식을 하는 이유는 무엇인가? 무엇보다 제대로 된 재무제표로 인해 발생할 수 있는 상황을 피하기 위해서일 것이다. 먼저 경영자, 특히 전문경영인은 경영성과인 당기순이익의 크기에 따라 보수와 임기가 결정된다. 따라서 성과가 저조하면 가공이익을 만들어내 순이익을 확대하려는 유혹을 받게 된다.

기업의 재무 상태와 경영성과가 불량하면 외부자금을 조달하는 데 어려움을 겪는다. 자금을 빌려주는 금융기관이나 채권자 또는 자금을 대려는 투자자는 무엇보다도 기업의 수익성과 유동성에 민감하다. 따라서 양호한 재무상태를 엮어내기 위해 분식을 하게 된다. 특히 주식투자자와 관련해 주가관리를 목적으로 분식을 하기도 한다. 이는 시가총액(주가×발행주식수)이 기업의 가치를 나타내는 척도로 자주 이용되는 데서 비롯된다. 또 주주들에게 적정한 배당을 주기 위해 분식을 하는 경우도 있다.

　재무 상태가 나쁘면 거래처와의 관계도 어려워진다. 기업 신용을 좋게 하기 위해 분식을 하게 된다.

　유동성이 좋지 않으면 외상거래를 하기 힘들어진다. 노동자들의 권익이 높아지면서 임금 인상 및 복지와 관련된 협상을 위해 재무제표를 왜곡하기도 한다. 아울러 세무조사를 피하기 위해 분식을 하는 경우도 있다.

　이익조작이라는 의미를 지닌 재무제표 분식과 연관된 **이익조정**, 또는 **이익유연화**라는 말이 있다.

　이익조정은 일반적으로 인정된 회계원칙 범위에서 이익을 관리하는 것을 말한다.

　반면에 **이익조작**은 회계원칙을 위반하면서 재무상태와 경영성과를 거짓으로 꾸미는 것을 말한다.

분식 방법

　분식의 궁극적인 목적은 이익을 확대하거나 축소하는 것을 말한다. 여성이 화장을 해서 더 이뻐질 수도 있지만 때로는 더 미워지는 경우도 있는 것과 마찬가지다. 이익을 조작하려면 수익과 비용을 거짓을 꾸며야 한다. 따라서 수익과 비용을 실제보다 많게 하거나 적게 하는 방법으로 이익을 조작한다.

　이익조작은 손익계산서와 대차대조표에 직접적인 영향을 미친다.

당기순이익을 부풀리는 방법으로는 재고자산 과대계상, 감가상각비 과소계상, 퇴직충당금 과소계상, 대손상각 미계상 및 과소계상, 재고자산 평가손 누락, 투자유가증권 평가손 누락, 부채 누락 등의 수법이 많이 이용되고 있다.

반대로 당기순이익을 줄이는 방법으로는 세법상 준비금의 부채계상, 퇴직급여충당금 과대계상, 매출원가 과대계상 등이 자주 적발되고 있다. 이러한 사례들은 금융감독원과 공인회계사회의 감사보고서의 감리결과에서 드러났다.

이익에 영향을 주기 위해 거래사실을 아예 기록하지 않는 방법도 있다. 장부외처리 방법으로 부외자산과 부외부채를 들 수 있다.

부외자산을 둠으로써 재무제표의 자산은 줄어든다. 자산 감소만큼 이익이 감소하게 된다.

부외부채는 부채를 숨긴다. 숨겨진 만큼 이익이 과대계상된다. 재무제표의 분식은 주로 가공자산이나 부실자산을 과대평가함으로써 이루어진다.

그러나 부실규모가 커지면 결국 부채를 줄이는 방법으로 분식을 하게 된다. 매입채무보다는 장·단기차입금을 줄이는 방법이 주로 이용된다.

이 때는 대부분 은행보다는 금리가 높은 종합금융회사, 보험회사, 상호신용금고 등에서 자금을 빌리는 경우가 많다. 어음도 부채를 숨기는 데 자주 이용된다. 즉 어음을 발행했는데도 이를 밝히지 않는 것이다.

분식의 발견

일반인이 분식을 발견하기는 쉽지 않다. 그러나 현금흐름표를 보면 대충 감을 잡아볼 수 있다. 현금거래는 인위적인 조작이 쉽지 않으며 추정치가 개입되지 않기 때문이다. 영업활동에 따른 현금 흐름이 항상 부족한데도 이익이 많거나 이익증가가 계속되는 경우 일단 분식을 의심해 볼 여지가 많다.

경영비율을 종합적으로 분석해서 알아낼 수도 있다. 예를 들어 매출채권의 회수와 재고자산의 판매가 부진한데도 수익성이 좋아지고 있으면 뭔가 잘못된 것을 알 수 있다.

대차대조표 양식

대차대조표(계정식)

제×기 20××년×월×일 현재
제×기 20××년×월×일 현재

회사명 _____   (단위 : 원)

과목	제×(당)기 금액	제×(전)기 금액	과목	제×(당)기 금액	제×(전)기 금액
자 산			부 채		
I. 유 동 자 산	×××	×××	I. 유 동 부 채	×××	×××
(1) 당 좌 자 산			1. 매 입 채 무		
1. 현금및현금등가물			2. 단 기 차 입 금		
2. 단 기 금 융 상 품			3. 미 지 급 법 인 세		
3. 유 가 증 권			4. 미 지 급 배 당 금		
4. 매 출 채 권			5. 유동성장기부채		
대 손 충 당 금			6. ×× 충 당 금		
5. 단 기 대 여 금			7.		
대 손 충 당 금					
6.			II. 고 정 부 채	×××	×××
(2) 재 고 자 산			1. 사 채		
1. 상 품			사 채 발 행 차 금		
2. 제 품			2. 장 기 차 입 금		
3. 반 제 품			3. 장기성매입채무		
4. 재 공 품			현재가치할인차금		
5. 원 재 료			4. ×× 충 당 금		
6. 저 장 품			5. 이 연 법 인 세 대		
7.			6.		
II. 고 정 자 산	×××	×××	부 채 총 계	×××	×××
(1) 투 자 자 산			자 본		
1. 장 기 금 융 상 품			I. 자 본 금	×××	×××
2. 투 자 유 가 증 권			1. 보통주자본금		
3. 장 기 대 여 금					

과목	제×(당)기 금액	제×(전)기 금액	과목	제×(당)기 금액	제×(전)기 금액
대 손 충 당 금			2. 우선주자본금		
4. 장기성매출채권					
현재가치할인차금			Ⅱ. 자 본 잉 여 금	×××	×××
대 손 충 당 금			1. 주식발행초과금		
5. 투 자 부 동 산			2. 감 자 차 익		
6. 보 증 금			3. 기타자본잉여금		
7. 이연법인세차					
8.			Ⅲ. 이 익 잉 여 금	×××	×××
(2) 유 형 자 산			(또 는 결 손 금)		
1. 토 지			1. 이 익 준 비 금		
2. 건 물			2. 기업합리화적립금		
감가상각누계액			3. 재무구조개선적립금		
3. 구 축 물			4. ××적 립 금		
감가상각누계액			5. 차기이월이익잉여금		
4. 기 계 장 치			(또는차기이월결손금)		
감가상각누계액			(당기순이익또는당기순손실)		
5. 선 박					
감가상각누계액			Ⅳ. 자 본 조 정	×××	×××
6. 차 량 운 반 구			1. 주식할인발행차금		
감가상각누계액			2. 배 당 건 설 이 자		
7. 건 설 중 인 자 산			3. 자 기 주 식		
8.			4. 미교부주식배당금		
(3) 무 형 자 산			5. 투자유가증권평가이익		
1. 영 업 권			(또는투자유가증권평가손실)		
2. 산 업 재 산 권			6. 해 외 사 업 환 산 대		
3. 광 업 권			(또는해외사업환산차)		
4. 어 업 권			7.		
5. 차 지 권					
6. 창 업 비					
7. 개 발 비					
8.					
			자 본 총 계	×××	×××
자 산 총 계		×××	부 채 와 자 본 총 계	×××	×××

제4장 주주와 회사의 이익 나누기…
이익잉여금처분계산서

- 배당과 유보금의 처분…이익잉여금처분계산서의 정의
- 잉여금 재원 1…처분전이익잉여금
- 잉여금 재원 2…임의적립금이입액
- 주주와 회사의 나누어먹기…이익잉여금처분과 결손금처리
- 이익잉여금처분계산서와 결손금처리계산서 양식

66

기업이 벌어들인 수익은
주주의 몫이다. 그렇다고 모두 가져갈
수는 없다. 미래를 위해 기업에 남겨놓아야 한다.
어떻게 나누는가는 아주 중요한 문제다.
그래도 회사에 남겨진 수익은 여전히
주주에게 귀속된다.

99

배당과 유보금의 처분…
이익잉여금처분계산서의 정의

『이익 없이 배당 없다』라는 말이 있다. 기업이 이익을 냈으면 분배를 해야 한다. 먼저 기업 밑천을 댄 주주에게 대가를 지불해야 한다. 이를 흔히 **배당**이라고 한다. 이익의 전부를 주주에게 배당으로 지급할 수도 있다. 그러나 계속 기업으로 존속하려면 이익의 일부는 기업 내부에 남겨둘 필요가 있다. 이처럼 이익의 처분과정과 내용을 보여주는 것이 **이익잉여금처분계산서**다.

이익잉여금처분계산서를 작성하기 위해서는 손익계산서가 먼저 작성되어야 한다. 한 해 동안 벌어들인 수입과 사용한 지출을 비교해 이익을 확정해야만 처분가능한 금액을 알 수 있기 때문이다.

처분할 수 있는 이익은 당기에 올린 순이익만이 아니다. 과거에 배당을 하고 회사에 남겨둔 이익도 처분할 수 있다. 경우에 따라서는 헐어서 쓸 수 있는 적립금도 현재의 이익처분에 포함시킬 수 있다.

이익잉여금처분계산서는 재무제표의 하나다. 그런데 다른 재무제표와 비교해 다른 점이 하나 있다. 주주총회에서 수정이 가능하다는 사실이다. 손익계산서나 대차대조표는 주주총회에서 주주들이 승인을 거부할 수는 있다. 그렇다고 이미 만들어진 손익계산서나 대차대조표를 주주들이 임의로 고쳐서 승인할 수 있는 것은 아니다. 그러나 이익잉여금처분계산서는 주주들 의사에 따라 처분내역을 조정할 수 있다. 회사가 당초 제시한 배당금을 높이거나 회사에 유보시키는 금액을 늘릴 수 있다. 이는 이익의 처분에 주주들의 의사를 반영할 수 있기 때문이다. 이익잉여금처분계산서가 주주들에 의해 수정되면 그 결과에 따라 대차대조표가 수정되는 경우도 있다.

이익잉여금처분계산서는 말 그대로 처분할 수 있는 이익이 있는 기업만이 작성한다. 그렇다면 손실이 난 회사는 어떻게 해야 할까? 당기순이익이 아닌 당기순손실에 대한 처리 방법도 있어야 한다. 당기순손실은 예전에 적립해둔 잉여금으로 메울 수 있다.

이를 **결손보전**이라고 한다. 예전의 잉여금도 없거나 충분하지 않다면 다음 결산기로 넘길 수밖에 없는 경우도 있다. 이처럼 결손금을 어떻게 처리할 것인지의 내용을 표시한 재무제표가 **결손금처리계산서**다. 여기서 잉여금은「처분계산서」라 하고 결손금은「처리계산서」라고 하는 데 유의하자.

계속되는 적자로 결손금이 누적되고 이를 처리하지 못하면 결국 자본금을 까먹게 된다. 이를 **자본잠식**이라고 한다. 자본잠식이 지속되면 회사는 망한다.

당기에 이익이 아닌 손실이 났다고 무조건 결손금처리계산서를 작성하지는 않는다. 예전에 누적되어 넘어온 잉여금이나 임의적립금이 있어서, 이것으로 당기순손실을 처리하고 남는다면 처분할 수 있는 금액이 생긴다.

이 때는 이익잉여금처분계산서를 작성한다. 이와 반대의 경우도 마찬가지다. 당기순이익을 올렸다고 덮어놓고 이익잉여금처분계산서가 만들어지지는 않는다. 당기순이익에 수정할 사항(전기결손금, 임의적립금 등)을 감안해 보아 처분할 이익이 없고 오히려 보전을 해야 한다면 결손금처리계산서를 작성해야 한다. 주주의 뜻에 따라 이익잉여금의 처분이 결정되는 것이 원칙이다. 그러나 현실적으로 회사에서 제시하는 처분안이 그대로 확정되는 경우가 대부분이다.

주주의 입장에서 가장 관심이 많은 부분은 배당수준이다. 주주총회에서 소액주주가 배당수준을 높여줄 것을 요구해도 사실상 받아들여지지 않는 경우가 많다. 경영자는 가능한 이익을 기업 내부에 많이 남겨두려 한다. 새로운 투자나 유동성 확보 등을 위한 기업의 재무정책 때문이다.

예전에는 이익잉여금처분계산서(안)을 주주들에게 제시하고 확정된 결과를 대차대조표에 반영했다. 그리고 배당금 지급이나 적립금의 적립 등 모든 처분사항이 확정된 이후 재무제표를 작성했다.

하지만 최근에는 이익잉여금처분계산서가 주주총회에서 확정되기 이전에 회사가 정한 처분액을 대차대조표에 반영하고 있다. 즉 배당금을 주당 얼마로 할 예정이라고 이사회에서만 결의하면 주주총회에서 그대로 처분될 것으로 보는 것이다.

그럼에도 불구하고 주주총회에서 이익잉여금처분계산서를 변경할 수 있다. 이 경우 재무제표를 다시 수정해야 한다. 공개기업의 경우는 사업보고서 등 공시된 내용과 차이가 나기 때문에 회사는 수정을 꺼려 한다.

잉여금 재원 1 … **처분전이익잉여금**

　이익잉여금처분계산서를 작성하기 위해서는 먼저 처분할 수 있는 잉여금을 확정해야 한다. 우선 당기순이익이 있다. 여기에다 전기에 회사에 남겨둔 잉여금(전기이월이익잉여금)도 당기에 처분할 잉여금에 가산된다. 감가상각 방법을 변경할 경우 당기는 물론이고 과거에까지 영향을 주게 된다. 따라서 회계처리 변경에 따른 영향도 처분할 잉여금에 감안해야 한다. 이를 **회계변경의 누적효과**라고 한다.

　전기에 잘못된 회계처리에 따른 득실 또한 감안해야 한다. 이를 **전기오류수정이익**이라고 한다. 중간배당제 도입으로 인한 중간배당금은 이미 사외로 유출된 금액이다. 따라서 이를 잉여금에서 제외할 필요가 있다. 종속회사의 투자 이익을 지분법으로 계산하는 경우 평가손익이 발생한다. 이를 **지분법평가손익**이라고 한다.

당기순이익(당기순손실)

　당기순이익은 이익잉여금 처분의 원천이다. 기업이든 사람이든 벌어들여야 쓸 수 있는 것과 마찬가지다. 손익계산서에서 산출된 당기순이익이 이익잉여금처분계산서의 출발점이 된다.

　이런 얘기가 있다. 회사가 벌어들인 이익은 3등분으로 갈라진다.

즉 3등분한 이익의 하나는 세금, 다른 하나는 주주배당, 나머지 하나는 기업 내부에 유보시켜 투자재원으로 삼아야 한다는 말이다. 물론 이런 단순한 논리를 현대 기업의 재무정책으로 삼을 수는 없다. 그러나 기업 이익이 배당과 사내 유보, 그리고 세금으로 구성된다는 말은 어느 정도 일리는 있다.

그런데 손익계산서의 당기순이익은 이미 세금을 공제했다. 따라서 나머지 두 단계만 남아 있다. 즉 배당과 사내유보다. 얼마를 주주에게 내주고 얼마를 남길 것인가. 이것이 바로 이익잉여금계산서에서 챙겨 보아야 하는 부분이다. 당기순손실이 났다면 이 금액이 당기순이익 자리에 대신 사용된다. 앞서 설명한 것처럼 단순히 당기순손실이 났다고 결손금처리계산서가 되는 것은 아니다. 수정사항을 가감한 후에 이익잉여금처분계산서인지 또는 결손금처리계산서인지 확정된다.

전기이월이익잉여금(전기이월결손금)

이익처분의 재원은 당기순이익 말고도 몇 가지가 더 있다. 그 중의 하나가 전기이월이익잉여금이다. **전기이월이익잉여금**이란 말 그대로 전기에서 처분하고 남은 금액을 당기로 넘긴 것이다. 다시 말해 전년도에 처분하고 남은 금액의 자투리다. 즉 전기 이익잉여금처분계산서에서 차기이월이익잉여금으로 처리했던 금액이다. 따라서 당연히 당기이익잉여금의 처분재원에 합산해야 한다. 당기순이익에 전기이월이익잉여금이 더해져 처분재원은 그만큼 늘어난 셈이다. 물론 전기에 결손이 나고 처분할 이익잉여금이 없어서 결손금처리계산서를 작성했던 기업은 전기이월이익잉여금이 있을 수 없다. 결손금을 전기에서 모두 처리하지 못하고 당기로 이월시킨 기업은 전기이월결손금이 표시된다. 이것이 곧 **누적결손**이다.

회계변경의 누적효과

기업은 필요에 따라 회계처리 방법을 바꿀 수 있다.

이를 **회계변경**이라고 한다. 필요에 따라 회계처리 방법을 바꾼다고 하지만 임의로 변경할 수는 없다. 여기에는 엄격한 기준이 있다. 우선 재무적 기초를 견고히 하는 관점에 따라 처리한다고 인정되는 경우이다. 합병, 대규모 투자, 영업양수도 등에 의해 총자산이나 매출구성이 변동되어 기존의 회계처리기준이 적용될 수 없을 때는 회계변경을 할 수 있다. 감가상각 등 유형자산의 내용연수나 회계기준 또는 관계법령의 제정이나 개정에 따라 불가피한 경우에는 처리 방법을 바꿔야 한다.

회계변경에는 두 가지가 있다. 즉 회계정책의 변경과 회계추정의 변경이다. 예를 들어 보자. 기계장치를 사면 기업은 기계의 수명을 정해서 감가상각을 해야 한다. 기계가 낡고 구식이 되면 교체해야 하는데, 그 때를 대비해서 미리 비용을 챙겨두는 것이다. 그래서 회계년도마다 일정 금액을 비용으로 처리하게 된다.

감가상각을 하기 위해서는 기계의 수명과 감가상각 방법을 미리 정해두어야 한다. 여기서 기계의 수명을 추정하는 것을 **회계추정**이라 한다. 그리고 감가상각 방법을 정하는 것은 **회계정책**이라 한다. 기계수명이나 감가상각 방법을 어떤 이유에 의해 변경하는 경우는 **회계변경**이라 한다.

회계변경이 이루어지면 이는 주석으로 기재된다. 감가상각 방법을 변경하는 것처럼 회계처리기준이 바뀌면서 생기는 과거로부터의 누적효과는 전기이월이익잉여금에 반영한다. 이 금액은 플러스(+)일 수도 마이너스(-)일 수도 있다. 즉 처분전이익잉여금이 늘거나 줄어들 수 있다는 뜻이다.

전기오류수정이익(전기오류수정손실)

전년도 또는 그 이전에 재무제표를 작성할 때 발생한 오류가 이번 연도에 발견되는 경우가 있다. 오류는 계산상의 실수, 기업회계기준의 잘못된 적용, 사실 판단의 잘못, 부정·과실 또는 사실의 누락 등으로 인해 발생한다. 오류 수정은 회계추정의 변경과 구별된다. 회계추정의 변경은 추가적인 정보를 입수함에 따라 기존의 추정치를 수정하는 것을 말한다.

예를 들어 보자. 확정된 채무가 아니라 발생할 가능성이 있는 채무를 우발채무라 한다. **우발채무**로 인식했던 금액을 새로운 정보에 따라 좀더 합리적으로 추정한 금액으로 수정하는 것은 오류수정이 아니라 회계추정의 변경이다.

당기에 발견한 전기 또는 그 이전 기간의 오류로 인한 이익·손실을 **전기오류수정이익** 또는 **전기오류수정손실**이라고 한다. 전기오류수정손익에 따라 당기 손익계산서를 수정한다. 다만, 중대한 오류의 수정은 전기이월이익잉여금에 반영하고 관련 계정잔액을 수정한다.

중간배당액

중간배당이란 회계년도 도중의 배당을 말한다. 1997년 말 증권거래법에 중간배당제도가 도입됐다. 상법에는 1998년 말에 신설되었다. 이는 모든 주식회사가 중간배당제도를 채택할 수 있다는 뜻이다. **중간배당**은 배당가능이익이 생길 것으로 예상하고 사업년도 도중에 이사회결의로 주주에게 배당을 할 수 있는 제도다.

중간배당은 현금으로만 가능하다. 따라서 주식배당은 허용되지 않는다. 회계년도 중에 중간배당을 했다면 이익잉여금을 미리 처분한 셈이다. 따라서 처분전이익잉여금 계산에서 차감을 해야 한다.

처분전이익잉여금(처리전결손금)

앞에서 설명한 금액을 더하거나 빼면 처분전이익잉여금이 된다. 물론 플러스(+)일 경우이다. 따라서 이익잉여금처분계산서를 작성할 수 있다. 당기순손실이 났어도 처분전이익잉여금이 있다면 이익잉여금처분계산서를 만들어야 한다.

처분전이익잉여금이 마이너스(-)라면, 이를 **처리전결손금**이라고 한다. 이 때는 결손금처리계산서가 된다.

잉여금 재원 2 … 임의적립금이입액

적립금 중에는 법규에 의하지 아니하고 주주들이 임의로 적립해둔 것이 있다. 이를 **임의적립금**이라고 한다. 임의적립금은 법에 따라 강제로 적립된 것이 아니라 주주들이 일정 목적에 사용하기 위해 적립한 것이다. 따라서 언제든지 주주총회의 결의로 이를 사용할 수 있다. 이는 당초에 정한 사용목적에 따라 사용해야 하지만, 주주들 생각이 바뀌어 다른 곳에 사용한다 하더라도 주주들의 동의만 있다면 가능하다.

임의적립금에는 여러 가지가 있을 수 있다. 이익이 적게 나는 해에 배당을 일정 수준으로 유지하기 위해 적립하는 배당평균적립금, 특정사업에 진출하는 데 필요한 투자재원을 마련하기 위한 투자재원적립금 등 다양한 목적의 임의적립금을 적립할 수 있다. 이익소각 재원을 마련하기 위해 이익소각적립금도 적립할 수 있다.

이러한 임의적립금 중 이번 주주총회에서 처분하고자 하는 만큼을 헐어서 처분가능금액에 더할 수 있다. 이것이 바로 **임의적립금이입액**이다.

처분전이익잉여금에 임의적립금이입액을 합치면 이번 주주총회에서 처분할 수 있는 금액이 된다. 이것이 **처분가능이익잉여금**이다. 이익잉여금계산서 양식에는 단순히「합계」라고만 표시되어 있다. 이 합계 금액이 계산서의 명칭을 좌우한다. 이 합계금액이 플러스(+)이면 처분할 부분이 있으므로 이익잉여금처분계산서지만, 이 합계금액(처분가능이익잉여금)이 마이너스(-)라면 결손금처리계산서가 되는 것이다.

주주와 회사의 나누어먹기…
이익잉여금처분과 결손금처리

처분가능이익잉여금이 결정됐으면 이제 어떻게 처분할지를 결정해야 한다. 주식을 가지고 있는 주주라면 회사가 벌어들인 이익을 필요한 곳에 적절히 처분하고 있는지 잘 살펴볼 필요가 있다. 벌어들인 이익을 적절하게 나누어 처분하는 일은 자본의 효율을 높이는 것이기 때문이다.

이익잉여금처분

이익잉여금의 처분은 우선 법에 의해 규정된 적립금부터 이루어져야 한다. 여기에는 이익준비금이 대표적이다. 상장법인이나 코스닥법인과 같은 공개법인에서는 증권거래법에 따른 재무구조개선적립금이 있고, 기타 세법에서 정한 적립금도 있다.

이익준비금은 상법에 의해 그 적립이 강제되고 있다. 이익준비금은 회사가 지급하는 현금배당액의 10% 이상을 의무적으로 적립해야 한다. 하지만 무한정 적립하지는 않는다. 자본금의 50%에 이를 때까지 적립하면 된다. 이는 회사 자본의 충실을 위한 상법상 장치로 사외유출을 제한하는 기능을 한다.

재무구조개선적립금도 기업의 재무 안정성을 위해 증권거래법에 의해 강제된 적립금이다. 유형고정자산의 처분이익이나 당기순이익 중 일부를 의무적으로 적립해야 한다. 자기자본비율이 30% 이상인 경우는 재무구조개선 적립의무가 면제된다. 그 밖에 세법상 적립이 강제되는 적립금도 쌓아야 한다.

법정적립금 다음의 처분은 이익잉여금의 처분으로 처리하도록 의무화되어 있는 각종 상각액들이 있다. 여기에는 주식을 액면가 미만으로 발행함으로써 발생한 주식할인발행차금에 대한 상각액, 자기주식처분손실 잔액 등이 있다.

각종 상각액을 처리한 다음 비로소 주주에게 지급하는 배당금이 등장한다. 배당은 채권자에 대한 이자처럼 주주 자본을 사용한 대가다. 이는 주주 입장에서는 투자에 대한 결실이다. 이러한 배당을 어떤 수준으로 할 것인지를 결정하는 것이 바로 기업의 배당정책이다. 그렇다면 과연 배당의 적정선은 어디인가?

기본적으로는 배당가능이익이 배당의 한계다. 그러나 여기에는 고려해야 할 요인이 많다. 단지 전년도 배당수준이나 같은 업종의 다른 회사의 배당수준 정도를 고려해서 배당을 결정하는 것은 주먹구구식으로 바람직하지 않다.

배당금 다음으로는 임의적립금 적립액이 표시된다. 주주의 의사에 따라 당해 기업의 환경과 특성, 목적에 따른 임의적립금을 적립하게 된다.

결손금처리

처분할 이익잉여금은 없고 오히려 처리해야 할 결손금이 있을 수 있다. 이는 기업으로서는 가장 피해야 하는 경우다. 그러나 실제로 흔히 접하는 경우다. 당기순손실이 원인이 되기도 하지만 당기순이익이 났어도 누적결손금 때문에 결손금을 처리해야 한다. 이런 경우에는 적립금을 헐어서 결손을 처리할 수 있다.

결손을 처리하는 것을 **결손보전**이라고 한다. 결손을 보전하기 위해 마음대로 하지 못한다. 순서가 정해져 있다. 결손보전에 가장 먼저 사용하는 적립금은 임의적립금이다.

다른 용도로 정해놓았더라도 우선 결손보전에 사용해야 한다. 그런 다음에는 기타법정적립금을 사용한다. 그리고 이익준비금과 자본잉여금 순서로 결손에 보전한다. 임의적립금을 제외하고는 그 용도가 전부 결손보전과 자본전입에만 사용할 수 있도록 제한되어 있다.

자본전입이란 무상증자를 말한다. 이렇게 결손에 보전한 금액은 **적립금이입액**이라고 한다. 그 금액만큼 적립금을 헐어 결손을 줄였다는 말이다. 일시적인 결손은 적립금으로 처리할 수 있다.

따라서 이는 과거에 적립해놓은 한도 내에서 가능하다는 뜻이 된다. 그렇지만 계속 결손이 발생한다면 그 기업은 한계에 다다를 수밖에 없다.

쌓아놓은 적립금으로 결손을 계속 처리하다가는 결국 바닥이 드러날 수밖에 없다. 이 때부터 자본잠식 상태로 들어가게 된다. 자본잠식은 결손이 누적돼 자본을 까먹는 상태를 말한다. 그렇게 되면 회사는 거덜난 상태에 들어가게 된다.

회사의 자본금이 100억 원이고 처리하지 못한 누적 결손이 20억 원이라고 하자. 이 회사의 자본은 실제로 80억 원에 불과하다. 이는 전체 자산에서 부채를 빼고 나면 80억 원만이 남는다는 말이다. 100억 원의 자본금 가운데 20억 원은 가공의 자본이다. 여기서 자본잠식을 당해도 자본금은 100억 원으로서 변화가 없다. 단지 결손금 20억 원이 별도로 표시될 뿐이다.

따라서 자본계정을 볼 때 주의를 기울여야 한다. 이런 상황이 지속되면 결국 자본금 전액을 잠식당해 회사의 자본은 하나도 남아 있지 않은 상태가 된다. 이를 **자본전액잠식**이라고 한다.

차기이월이익잉여금(차기이월결손금)

차기이월이익잉여금은 이익잉여금을 처분하고 남은 돈이다. 처분가능이익잉여금을 가지고 각종 적립금과 배당금까지 준 후 남는 것이 바로 차기이월이익잉여금이다. 차기이월이익잉여금은 다음 결산기로 넘겨서 계산한다. 이는 처분하고 남은 자투리이므로 특별한 이유가 없는 한 금액이 크지 않다. 차기이월이익잉여금이 다음 사업년도로 넘어가면 전기이월이익잉여금으로 표시된다.

결손금처리계산서를 작성하면서 발생한 결손금을 전액 처리하면 이월되는 결손금은 발생하지 않는다. 그러나 회사 내부에 유보된 적립금으로도 전액 처리가 불가능할 때는, 부득이 이 결손금을 다음 사업년도로 이월할 수밖에 없다. 이것이 곧 차기이월결손금이다. 당기에 결손 처리를 다 못하고 다음을 기약해야 한다. 차기이월결손금의 다른 이름은 바로 누적결손이다.

이익잉여금처분계산서와 결손금처리계산서 양식

기업회계기준에 나와 있는 이익잉여금처분계산서와 결손금처리계산서 양식은 다음과 같다.

이익잉여금처분계산서

제×기 20××년×월×일부터
　　　 20××년×월×일까지
처분확정일 20××년×월×일

제×기 20××년×월×일부터
　　　 20××년×월×일까지
처분확정일 20××년×월×일

회사명 _____　　　　　　　　　　　　　(단위 : 원)

과목	제×(당)기		제×(전)기	
	금액		금액	
Ⅰ. 처분전이익잉여금		×××		×××
1. 전기이월이익잉여금				
(또는 전기이월결손금)				
2. 회계변경의 누적효과				
3. 전기오류수정이익				
(또는 전기오류수정손실)				
4. 중간배당액				
5. 당기순이익				
(또는 당기순손실)				
Ⅱ. 임의적립금등의이입액		×××		×××
1. ××적립금				
2. ××적립금				
합계				
Ⅲ. 이익잉여금처분액		×××		×××
1. 이익준비금				
2. 기타법정적립금				
3. 주식할인발행차금상각액				
4. 배당금				
가. 현금배당				
주당배당금(율)보통주 : 당기××원(%)				
전기××원(%)				
우선주 : 당기××원(%)				
전기××원(%)				
나. 주식배당				
주당배당금(율)보통주 : 당기××원(%)				
전기××원(%)				
우선주 : 당기××원(%)				
전기××원(%)				
5. 사업확장적립금				
6. 감채적립금				
7.				
Ⅳ. 차기이월이익잉여금		×××		×××

결손금처리계산서

제 × 기 20××년×월×일부터
       20××년×월×일까지
처분확정일 20××년×월×일

제 × 기 20××년×월×일부터
       20××년×월×일까지
처분확정일 20××년×월×일

회사명 _____

(단위 : 원)

과 목	제×(당)기 금액	제×(전)기 금액
I. 처 리 전 결 손 금	×××	×××
1. 전기이월이익잉여금		
(또는전기이월결손금)		
2. 회계변경의누적효과		
3. 전기오류수정이익		
(또는전기오류수정손실)		
4. 중 간 배 당 액		
5. 당 기 순 손 실		
(또는당기순이익)		
II. 결 손 금 처 리 액	×××	×××
1. 임의적립금이입액		
2. 기타법정적립금이입액		
3. 이익준비금이입액		
4. 자본잉여금이입액		
III. 차 기 이 월 결 손 금	×××	×××

제5장 현금이 최고다…현금흐름표

현금은 어떻게 드나들었나…현금흐름표의 정의

현금흐름은 무엇을 말하나…현금흐름표 정보의 유용성

「현찰」만이 현금은 아니다…현금흐름표의 「현금」

기업활동과 현금흐름…현금흐름의 구분

현금흐름표의 형식

현금흐름표에서 챙겨보아야 할 사항들

현금흐름표 관련 재무비율

현금이 최고다.
수익이 많다고 해도 수치상으로
그치면 별볼 일 없다. 부자거지는 필요없다.
그런데 현금도 나름이다. 무엇보다도 영업에서
벌어들이는 현금이 많을수록 좋다. 가속성장을
위한 자금 조달은 물론 투자도 쉽게
이루어질 수 있다.

현금은 어떻게 드나들었나…현금흐름표의 정의

뭐니뭐니 해도 머니(money)가 최고다. 돈, 그 중에서도 현금이 최고란 뜻이다. 아무리 많은 땅을 가진 부자라 해도 현금이 없으면 쩔쩔맨다. 기업도 마찬가지다. 자산이 많고 종업원이 몇만 명이라 해도, 이익이 아무리 많이 나도 현금이 부족하면 회사는 망한다. 특히 당기순이익은 장부상 그만큼의 이익이 났다는 것일 뿐 회사에 현금이 그만큼 들어왔다는 의미는 아니다. 이를 잘 시사하는 말이 있다. 바로 「흑자도산」이다. 즉 당기순이익을 냈지만 회사 내에 현금이 없어서 망했다는 얘기다. 그만큼 현금이 중요하다. 현금이 많으면 유동성이 풍부하다고 말한다.

과거 관치금융과 외형성장 중심으로 경제와 금융이 돌아가던 때는 기업이나 투자자들은 유동성 문제에 비교적 둔감한 편이었다. 그러나 우리 기업들은 IMF 체제를 겪으면서 많이 달라졌다. 과거와는 판이한 경영환경에서 빚에 의존했던 낡은 행태가 더 이상 통하지 않게 된 것이다.

기업의 현금 상황을 한눈에 알 수 있게 해주는 표가 있다. 바로 **현금흐름표**다. 이 표는 현금의 수입과 지출 현황을 보여준다. 일정 기간 동안(보통은 1년) 기업에서 얼마만큼의 현금이 어떻게 조달되고 어디에 쓰는지 한눈에 알 수 있도록 해준다. 1년 내내 현금이 없어 허덕이다가 결산기에 임박해서 많은 현금을 조달했다고 가정하자. 대차대조표상으로는 유동성에 그다지 문제가 없는 것으로 보인다. 그러나 현금흐름표를 보면 그렇지 못하다는 것을 훤히 알 수 있다. 기업이 조달한 현금이 물건을 팔아서 들어온 것인지 아니면 빚을 얻거나 공장의 기계들을 내다팔아 만든 것인지를 알 수 있다는 말이다.

우리나라에서 기업의 유동성에 관심을 갖게 된 것은 1974년 「자금운용표」가 도입되면서였다. 그러다가 1981년에 「재무상태변동표」로 그 이름을 바꾸었다. 재무상태변동표도 현금흐름표와 비슷하다. 다만 순수한 현금 기준이 아니라 순운전자본기준으로 작성되는 것이다.

순운전자본은 유동자산에서 유동부채를 뺀 나머지를 말한다. 현금만큼 높지는 않지만 유동성을 측정하는 데는 유용한 개념이다. 제조업과 판매업 등 일부 업종은 꼭 순운전자본기준으로 재무상태변동표를 작성하도록 했다. 그 밖의 업종은 순운전자본기준으로 하든지 아니면 현금예금기준으로 하든지 선택할 수 있도록 했다.

그러다가 1994년 4월 30일, 기업회계기준이 바뀌면서 업종에 관계없이 모든 기업은 현금을 중시하는 현금흐름표를 작성하도록 의무화되었다. 순운전자본보다는 현금의 흐름으로부터 좀더 유용한 정보를 얻을 수 있다고 판단했기 때문이다.

외상을 많이 주고 창고에 물건이 쌓이면 기업은 망한다. 이는 매우 간단한 상식이다. 그런데 매출채권(외상)과 재고자산(물건)은 순운전자본에 포함된다. 이런 기업도 순운전자본기준으로 재무상태변동표를 만들면 유동성이 우수한 기업으로 보인다. 즉 왜 현금흐름표를 작성하게 되었는지 알 수 있다. 현금흐름표란 한 마디로 현금 기준에 근거한 현금의 유입과 유출을 보여주는 재무제표다.

현금흐름은 무엇을 말하나…
현금흐름표 정보의 유용성

현금흐름표는 한 기업의 현금 유입과 유출 현황을 보여준다. 따라서 현금에 관련된 다양한 정보를 얻을 수 있다. 물론 다른 재무제표와 함께 이용하면 그 정보의 범위는 더욱 커진다.

기업 현금의 성격을 알 수 있다

기업의 현금 유입처는 매우 다양하다. 물론 현금 유출처 또한 많다. 현금 유입은 매출, 차입, 자산 매각 등으로 이루어진다. 매입, 상환, 자산 매수 등에 따라 현금이 유출된다. 현금흐름표는 이를 각각 구분 표시해놓기 때문에 현금의 성격을 잘 파악할 수 있다.

현금창출 능력을 말해준다

현재의 현금흐름은 물론 미래의 현금흐름에 대한 예측 정보를 얻을 수 있다. 현금흐름이 좋고 영업 활동에서 조달하는 현금흐름이 원활하다면 미래에도 그럴 가능성이 높다. 이런 기업의 가치가 주식 시장에서 높이 평가되는 것은 당연하다. 특히 손익계산서와 병행하면 미래 현금의 흐름을 예측하는 데 도움이 된다.

기업의 지급능력을 측정할 수 있다

기업의 지급능력에 대한 평가가 가능하다. 특히 주주에 대한 배당금 지급능력, 채권자에 대한 이자 지급능력을 알 수 있다. 나아가 현재 안고 있는 부채를 얼마나 갚을 능력이 있는지도 가늠해 볼 수 있다. 아울러 증자를 해서 자본을 키울 필요가 있는지 아니면 회사채를 발행해서 빚을 얻을 필요는 없는지 판단하는 데 도움을 준다. 결국 현금을 만들어낼 수 있는 능력, 즉 현금창출능력을 알 수 있다.

대차대조표나 손익계산서에서 얻은 정보에 활기를 불어넣고 피를 통하게 하는 대부분의 정보는 현금흐름표에서 얻을 수 있다. 여기서 현금흐름표의 중요성이 다시 한번 강조된다.

당기순이익의 질적 평가가 가능하다

현금흐름표는 당기순이익의 질적 평가를 가능하게 한다. 당기순이익이 같다고 해도 현금흐름표를 분석해 보면 어느 회사의 당기순이익이 더 값진 것인지 알 수 있다.

예를 들어 보자. 은행과 운수회사가 똑같이 1주당 1,000원의 이익을 냈다고 하자. 은행은 본래의 영업부문인 예금과 대출을 통해 이익을 냈다. 반면에 운수회사는 영업에서는 적자를 내고 영업과 관계없는 외환거래에서 이익을 냈다.

이익 규모는 같으나 이에 대한 평가는 당연히 달라야 한다. 현금흐름표가 이러한 정보를 제공한다. 그런 정보를 읽어낼 수 있는지 없는지는 오로지 재무제표를 보는 사람의 능력에 달려 있을 것이다.

「현찰」만이 현금은 아니다… 현금흐름표의 「현금」

기업활동은 항상 현금으로만 이루어지는 것은 아니다. 예금처럼 증서가 있는가 하면, 어음이나 수표처럼 유가증권을 이용하기도 한다. 따라서 현금에 대한 정확한 정의가 필요하다.

현금은 말 그대로 돈이다. 돈은 돌고 돈다. 기업 안에서 돈이 어떻게 도는 것인지를 알려 주는 것이 바로 현금흐름표다. 기업이 가지고 있는 이른바 「현찰」과 은행에 넣어두고 바로바로 찾아 쓸 수 있는 「예금」은 사실상 차이가 없다. 현금처럼 즉시 이용할 수 있기 때문이다.

하루에 몇억 원씩, 때로는 몇백억 원씩 들락거리는 큰 기업이라도 금고에 넣어두는 현금은 그다지 많지 않다. 일 주일 후에 현금화할 수 있는 어음과 한 달 후에 만기가 돌아오는 국채를 가지고 있다면 이들을 현금의 범주에 포함할 수 있을까 없을까? 도대체 어디까지를 현금에 포함할 것인지 생각해 볼 필요가 있다.

이 때 아주 흥미로운 말이 등장한다. 즉 현금 및 현금등가물이다. 현금흐름표에서는 현금을 이 같은 개념으로 보고 작성한다.

현금과 현금등가물을 나누어 알아보자. 먼저 **현금**은 현찰이다. 여기에 수표가 포함된다. 또 당좌예금과 보통예금도 포함된다. 이들은 거의 현금과 차이가 없다. 찾아 쓰는 데 제한이 없는 예금과 당장 현금으로 바꾸어 쓸 수 있는 수표는 현금과 같이 취급한다. 반면에 정기예금이나 별단예금처럼 계약에 의해서 사용이 제한되거나 특별한 요건이 충족되어야 찾아 쓸 수 있는 것들은 현금에서 제외된다. 물론 정기예금도 손해를 감수하고라도 해약한다면 현금화할 수 있다. 그러나 당초의 예금목적이 아무 때나 찾아 쓰기 위해서가 아니라 일정 기간 예금으로 두면서 높은 금리를 원한 것이기 때문에, 이를 현금으로 볼 수는 없다.

현금등가물은 무엇인가? 기본적으로 여기에는 유가증권과 단기금융상품이 포함된다. 물론 이에는 조건이 있다. 먼저 큰 돈 안 들이고 현금으로 바꿀 수 있어야 한다. 즉 현금과의 교환이 쉬워야 한다는 말이다. 그 다음에는 이자율 변동에 따르는 가치 변동의 위험에 노출되지 않아야 한다. 이는 이자율이 오르내리는 데 따르는 위험이 크면 안 된다는 뜻이다. 결국 가치가 안정적이어야 한다.

마지막으로 현금화할 수 있는 만기가 3개월 이내여야 한다. 만기가

10년짜리 채권이라 하더라도 기업이 취득할 당시 상환일이 3개월이 채 안 남았다면 이는 현금등가물이다. 반대로 만기가 1년인 채권도 상환일이 4개월 이상 남았다면 현금등가물에 포함되지 않는다.

이런 요건들을 모두 충족해야만 현금등가물로 인정된다. 결국 현금과 큰 차이가 없는 유가증권과 금융상품들이 이에 속한다. 현금흐름표에서 현금으로 간주하고 그 흐름을 파악하는 대상으로 정하는 현금은 현금+현금등가물이다. 그러나 실제로 현금등가물이 현금흐름표에 포함된 사례를 보는 것은 그리 쉽지 않다.

기업활동과 현금흐름 ··· 현금흐름의 구분

현금흐름표에는 기업 내 현금흐름의 구체적 내용을 담고 있다. 현금이면 다 같은 것 같고 그게 그것인 듯 싶으나 그렇지 않다. 현금도 기업활동에 따라 구분이 된다. 그렇다면 어떤 기준을 가지고 이들 현금흐름을 구분하는가.

현금흐름표에서는 현금흐름을 크게 세 가지로 나누고 있다. 즉 영업활동과 투자활동, 재무활동 등이다. 이러한 활동의 구분에서 먼저 당기순이익 결정항목은 영업활동으로 인한 현금흐름으로 보면 된다. 아울러 가급적 대차대조표의 자산, 부채, 자본의 분류와 비슷하다고

재무	투자	영업	계 정	계 정	재무	투자	영업
			〈자산〉	〈부채〉			
	●		단기금융상품	매입채무			●
		●	유가증권	단기차입금	●		
		●	매출채권	미지급금	●		
	●		대여금	선수금			●
●	●		미수금	미지급및 선수금			●
		●	미수수익	미지급법인세			●
		●	재고자산	장기성매입채무			●
		●	선급금	퇴직급여충당금			●
	●		투자자산	사채 장기차입금	●		
		●	장기매출채권	〈자본〉			
	●		유형자산	자본금	●		
	●		무형자산	자본잉여금	●		
				이익잉여금			
				당기순이익			●
				배당	●		
				자본조정	●		

보면 이해가 쉬워진다.

현금흐름표를 살펴보면 이 세 가지 활동을 통해 각각 얼마의 현금이 조달되어 얼마를 썼는지와 그 흐름이 적정했는지를 판가름해 볼 수 있다. 이러한 각각의 정보로부터 기업 내에 돌고 있는 현금흐름을 전체적으로 파악할 수 있다. 그것이 기업 가치의 유력한 평가방법 중

현금흐름표 양식		
과 목	당기	전기
	금액	금액
Ⅰ. 영업활동으로 인한 현금흐름		
Ⅱ. 투자활동으로 인한 현금흐름		
1. 투자활동으로 인한 현금 유입액		
2. 투자활동으로 인한 현금 유출액		
Ⅲ. 재무활동으로 인한 현금흐름		
1. 투자활동으로 인한 현금 유입액		
2. 투자활동으로 인한 현금 유출액		
Ⅳ. 현금의 증가(감소)(Ⅰ+Ⅱ+Ⅲ)		
Ⅴ. 기 초 의 현 금		
Ⅵ. 기 말 의 현 금		

하나가 되는 것이다. 이렇게 파악한 현금흐름을 종류별로 정리해 사업년도 초에 가지고 있던 현금을 합치면 그 해(사업년도)에 늘어나거나 줄어든 현금 규모를 알 수 있다.

영업활동이란 「제품을 생산하거나 상품·용역을 사고 파는 것」을 말한다. 따라서 영업활동으로 인한 현금흐름은 손익계산서 항목과 관련이 있다. 이는 특히 당기순이익을 결정하는 현금흐름으로 이해하면 쉽다. 결국 영업활동 결과에 따른 현금흐름은 자체적인 지불능력, 차입금 상환, 배당금 지급, 신규투자를 하는 데 드는 현금을 얼마나 확보했는지를 보여 준다. 여기서 자체적이라는 의미는 차입과 같은 외부조달을 하지 않는다는 의미다.

영업활동에 따른 현금흐름에는 기업에 들어오는 것과 나가는 것이 있다. 기업의 영업활동 중 현금이 들어오는 대표적인 것에는 매출로부터의 현금흐름 유입이 있다. 이는 곧 물건을 팔고 돈을 받는 것이다. 반면에 현금이 밖으로 나가는 영업활동은 재료나 상품을 구입하고 현금을 주는 경우가 대표적이다.

그 밖에 종업원에게 월급을 주거나 채권자에게 이자를 지급하는 것도 여기에 포함된다.

또 외상으로 물건을 구입했다가 현금으로 갚는 것도 당연히 영업활동으로 인한 현금유출에 속한다.

현금흐름표기준에는 여기에 한 가지가 추가된다.

즉 투자활동이나 재무활동에 속하지 않는 모든 활동이 포함한다. 그래서 이자나 배당금을 받는 것도 영업활동에 따른 현금흐름으로 간주한다.

투자활동으로 인한 현금흐름

투자는 미래에 하는 것이다. 아무도 지나간 과거를 보고 투자하지는 않는다. 따라서 투자활동으로 인한 현금흐름은 미래의 이익과 관련된 현금흐름을 나타낸다. 이는 영업활동에 따른 현금흐름과는 다르다. 여기서 **투자활동**이란 현금을 빌려주는 것(대여)과 돌려받는 것(회수)을 포함해서 유가증권·투자자산·유형자산·무형자산을 취득하거나 처분하는 것을 말한다. 그러나 현금을 빌려주고 그 대가로 받는 이자는 투자활동이 아니라 영업활동에 속하는 현금흐름이라는 것에 유의해야 한다. 원금의 변화는 투자활동이고 결실에 대한 것은 영업활동에 속한다는 것이다.

또한 현금등가물에 속하는 유가증권을 빌려주거나 되돌려 받았다면 이는 현금거래이지 유가증권의 거래로 인한 현금거래는 아니다.

재무활동으로 인한 현금흐름

현금흐름표의 재무활동에는 현금을 빌리거나(차입) 갚는 것(상환), 주식을 새로이 발행하거나 배당금을 지급하는 것이 있다. 이들 거래는 모두 부채와 자본계정에 영향을 미친다.

재무활동으로 인한 현금의 유입에는 돈을 빌리거나 어음·회사채를 발행하거나, 유상증자를 하는 것 등이 속한다. 반면에 재무활동으로 인한 현금의 유출에는 배당금 지급, 돈을 주고 자기주식을 사들여 감자를 하는 것, 빌린 돈의 상환 등이 포함된다.

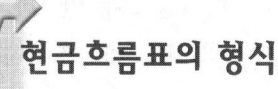

현금흐름표의 형식

영업활동으로 인한 현금흐름은 직접법과 간접법으로 표시할 수 있다. 따라서 영업활동에 의한 현금흐름을 어떤 방식으로 표시하는지를 기준으로 현금흐름표 작성방식도 직접법과 간접법으로 나뉜다.

직접법의 가장 큰 특징은 영업활동으로 인한 현금 유입과 유출을 모두 보여준다는 데 있다. 따라서 간접법보다 좀더 쉽게 현금흐름을 파악할 수 있다.

간접법은 영업활동으로 인한 순현금흐름과 당기순이익의 차액에 초점을 맞춘 방법이다.

이 방법은 대차대조표, 손익계산서와 현금흐름표 사이를 매끄럽게 연결해 유용한 정보를 제공할 수 있다는 데 그 장점이 있다. 대체적으로 직접법은 재무제표 이용자가 선호하고, 간접법은 재무제표 작성자가 선호하는 방법이다.

직접법을 선호하는 입장에서는 『직접법에 의한 현금흐름표야말로 현재와 미래의 영업현금흐름을 좀더 정확하게 알려준다』고 주장한다. 이에 대해 간접법을 선호하는 측에서는 『간접법이 작성비용 면에서 저렴하고 좀더 쉽게 작성할 수 있으면서도 결코 그 유용성이 떨어지지 않는다』고 한다.

직접법과 간접법의 우열은 쉽게 가려지지 않는 문제다.

그래서 우리 기업회계기준도 두 가지 방법을 모두 인정하고 있다. 단, 직접법에 따라 현금흐름표를 작성할 경우에는 당기순이익에 가감할 항목에 관한 사항과 당기순이익을 주석으로 기재하도록 의무화하고 있다.

대부분의 기업에서는 현금흐름표를 간접법으로 작성하고 있다.

현금흐름표에서 챙겨보아야 할 사항들

영업활동으로 인한 현금 유입분이 현금 유출분보다 많은가

 영업활동으로 벌어들이는 현금이 영업활동을 위해 쓰는 현금보다 많은가, 아니면 적은가?
 영업활동은 기업의 기본이다. 이 기본을 유지하기 위해서는 영업활동을 통해 조달하는 현금이 영업활동 중에 쓰는 현금과 최소한 같거나 더 많아야 한다. 이것을 유지할 수 없다면 그 기업은 점점 현금흐름이 좋지 않게 되고 가까운 장래에 심각한 재무위기에 직면할 수도 있다.
 일시적인 현상으로 영업활동으로 인한 현금흐름이 순유출로 나타난 것이라면 자금을 빌려오거나 유상증자를 해서 현금흐름을 다시 정상적으로 되돌려놓을 수 있다. 그러나 그것도 영업활동이 제대로 뒷받침된다는 전제가 있어야 한다.
 이러한 좋지 못한 현금흐름이 계속 이어지고, 자금조달능력이 한계에 부딪친다면 그 기업은 만성적인 자금난에 휘말려 결국 망하게 되는 것이다. 이는 현금흐름표를 분석할 때 가장 먼저 살펴야 할 부분이다.
 직접법으로 작성된 현금흐름표에는 영업활동으로 인한 현금흐름이 별도로 집계되어 있으므로 쉽게 알 수 있다. 플러스(+)면 들어온 현금이 빠져나간 현금보다 많다는 것을 의미한다. 게다가 몇 년치의 현금흐름을 비교하면 더욱 명확하게 그 기업의 자금사정을 파악할 수 있다. 현금흐름표가 간접법으로 작성되어 있다면 영업활동으로 인한 현금흐름과 당기순이익이 어떻게 차이가 나는지를 살펴야 한다.

영업활동으로 인한 현금흐름이 반드시 현금 유입과 유출에 따라서만 이루어진 것이 아닐 수 있다. 따라서 현금 유출이 없는 비용의 발생 등 현금흐름을 수반하지 않는 거래에서 발생할 수 있으므로 유의해야 한다.

투자활동에 따른 현금흐름과 영업활동에 따른 현금흐름을 비교하라

영업활동에 따른 현금흐름이 투자활동에 따른 현금흐름을 초과하고 있다면 일단 바람직한 현상으로 간주된다. 기업이 성장·발전하기 위해서는 지속적으로 수익을 내야 한다. 수익을 지속하기 위해서는 지금의 영업에 만족할 것이 아니라 적절한 투자활동을 통해 수익창출 능력을 높여야 한다. 그러므로 투자활동에 따른 현금흐름은 영업활동에 의한 현금흐름의 기초인 셈이다.

그렇다고 해서 무턱대고 투자활동에 현금을 쏟아부어서는 안 되고, 영업활동에 의해 만들어지는 현금흐름의 범위 내여야 한다. 일시적으로 대규모 투자가 필요해서 차입이나 유상증자 등 외부의 자금을 조달하는 경우는 있을 수 있지만, 이러한 흐름이 지속되는 것은 바람직하지 않다. 이는 비효율적이거나 수익성이 높지 않은 투자활동을 하고 있거나 기업의 규모나 자금력에 비해 과도한 투자를 하는 것일 가능성이 높다.

현금흐름표의 투자활동에 따른 현금흐름에서 또 한 가지 중요한 점을 알 수 있다. 그것은 기업의 투자활동의 성격과 유형이다. 어떤 기업은 투자활동의 대부분을 기계장치나 설비를 확충하는 데 쓸 수 있다. 또 어떤 기업은 다른 기업을 인수해 기업을 성장시키는 전략을 구사할 수도 있다. 이는 곧 기업의 성장 내지는 발전전략을 읽을 수 있는 대목이다.

반면에 투자유가증권이나 공장설비 등을 매각해서 현금을 확보하는 기업도 있을 수 있다. 경우에 따라서는 현금을 확보하는 것이 바람직할 수도 있고 그렇지 않을 수도 있다. 이는 재무제표를 이용하는 사람이 판단해 의사결정에 이용해야 한다.

재무활동에 따른 현금흐름의 성격을 파악하라

재무활동에 따른 현금흐름은 영업활동과 투자활동에 의해 조달한 현금을 어떻게 활용하는지를 보여준다. 또 부족한 현금흐름을 어떤 방법으로 조달하고 있는지를 알 수 있게 해준다.

영업활동과 투자활동에서 여유자금을 만들어낸 기업의 경우에는, 이 자금으로 배당금도 지급하고 이익소각도 하는 등의 방법으로 주주에게 이익을 환원한다. 만일 이익으로 환원하지 않더라도 기업 내부에 여유자금으로 두어 투자 기회를 살필 수도 있는 등 유동성을 높일 수 있다.

반면에 영업활동과 투자활동에서 자금의 부족분이 발생한 경우에는 어디서든지 자금을 조달해야 한다. 기업은 돈을 빌리든지 유상증자 등을 통해 자금을 조달할 수 있을 것이다. 그리고 조달된 자금이 어디에 쓰이는지 살펴보아야 한다. 단순히 영업활동에만 충당되고 있다면 이는 바람직하지 않다.

만일 그렇다면 현재 영위하고 있는 사업이 원활하지 않은 것으로 판단할 수 있다. 새로운 사업에 투자된다고 하더라도 자세히 파악해 보아야 함은 물론이다. 현재 사업과는 다른 새로운 분야에 투입되는지, 단순히 현상 유지를 위함인지, 새로운 사업의 전망은 어떤지 등을 유심히 살펴보아야 한다.

기업 투자에 대한 결실인 배당금의 지급도 재무활동 중의 하나다. 주주 입장에서는 배당금을 가능한 한 많이 받는 것이 당연히 좋을 수밖에 없다. 그러나 무턱대고 고배당만을 요구해서는 안된다. 영업활동에서 만들어낸 현금 중 투자활동에 충당하고 남은 현금의 범위 내에서 배당금이 지급되는 것이 적절하다. 자금을 운영하는 방법은 각 기업의 특성에 따라 다를 수밖에 없다. 그렇지만 배당을 하고 나서 현금이 모자라 빚을 내야 하는 것은 결코 바람직한 기업 경영이 아니다.

현금흐름도 조작할 수 있다

현금흐름도 물론 인위적으로 조작이 가능하다. 물건 구입을 일시적으로 연기하는 등 채무의 상환을 미루어서 현금 유출을 막을 수 있다. 결국 이는 영업활동에 따른 현금흐름의 유입분을 크게 한다. 그 밖에도 투자유가증권을 매각하거나 배당금 지급분을 줄여서 현금흐름을 증가시킬 수도 있다.

이러한 현금흐름에 대한 조작은 일시적으로만 가능하다. 영업활동을 지속하는 한 영원히 이를 연기할 수는 없는 것이다. 따라서 몇 년간의 현금흐름표를 묶어서 관찰해 보면 이러한 조작은 어느 정도 제거할 수 있다. 이는 곧 당해 연도의 재무제표만이 아니라 과거 기간의 재무제표가 유용한 이유이기도 하다.

현금흐름표 관련 재무비율

1주당 현금흐름비율

$$1주당\ 현금흐름비율 = \frac{영업활동으로\ 인한\ 현금흐름}{보통주식수}$$

1주당 현금흐름비율은 보통주 1주에 대한 영업활동으로 인한 현금흐름의 크기를 나타낸다.

여기서 보통주식수를 계산할 때는 유통되는 보통주식수를 가중평균치로 환산해 사용한다.

이 비율이 높으면 현금지급능력이 양호한 것이다.

현금흐름이익률

$$현금흐름이익률 = \frac{영업활동으로 인한 현금흐름}{매출액}$$

매출액순이익률은 매출에 대한 순이익의 비율인 반면, **현금흐름이익률**은 매출에 대한 현금수익성을 평가하는 데 쓰인다. 이 비율이 높으면 매출로 인한 현금창출능력이 높은 것이다.

이익평가배율(quality of income raito)

$$이익평가배율 = \frac{영업활동으로 인한 현금흐름}{당기순이익}$$

이익평가배율이란 당기순이익 중에 현금으로 실현된 부분을 비율로 측정한 것이다.

이 비율은 대개 1 이상으로 나타난다.

그 이유는 당기순이익 산출시에는 감가상각비가 비용으로 계상되는 데 비해 영업활동으로 인한 현금흐름을 계산하는 데는 감가상각대상이 되는 자산의 교체에 소요된 현금이 계산되지 않기 때문이다.

이 때문에 이 비율은 1 이상이 정상이다.

이 비율이 1에 크게 미달하는 경우에는 추가적인 분석을 통해 그 내용을 파악해야 한다.

현금흐름이자보상배율

$$현금흐름이자보상배율 = \frac{영업활동으로\ 인한\ 현금흐름 + 이자및법인세지급액}{이자지급액}$$

요즈음 기업의 지급능력을 평가하는 데 많이 사용하는 이자보상배율을 현금흐름 기준으로 변경한 것이다.

실제로 이자는 당기순이익에서 지급하지 않는다. 이자는 현금으로 지급된다.

기업의 이자지급능력을 평가하는 데는 현금흐름기준으로 하는 것이 더 실질적이다.

현금흐름부채보상배율

$$현금흐름부채보상배율 = \frac{영업활동으로 인한 현금흐름}{평균부채총계}$$

이 비율은 영업활동으로 인한 현금흐름으로 부채를 얼마나 상환할 수 있는지 그 능력을 보여준다. 이 비율이 높을수록 부채를 상환할 수 있는 현금흐름이 충분하다는 의미다.

갑자기 부채를 상환해야 하는 예상치 못한 경우에 현금을 조달하여 상환할 수 있는 능력을 나타낸다.

배당금보상배율

$$배당금보상배율 = \frac{영업활동으로 인한 현금흐름}{배당금지급액}$$

이 비율에서는 영업활동으로 인한 현금흐름이 배당금의 몇 배에 해당하는지를 알 수 있다.

이 비율이 높을수록 배당금을 지급하고도 영업활동으로 인한 현금흐름을 추가로 창출할 수 있는 능력이 우수하다는 것을 의미한다.

제6장 식구들 모여라…연결재무제표

- 식구들 모여라…연결재무제표의 정의
- 누가 식구인가…연결범위
- 누가 세대주인가…연결재무제표의 작성주체
- 식구들 재산의 의미…연결재무제표의 성격
- 식구들 재산과 성격…연결재무제표의 종류
- 식구들 재산을 모아 무엇에 쓰나…연결재무제표의 유용성
- 식구들 재산이 모두 내 것일까…연결재무제표의 한계

기업은 법인이다.
출자라는 법률행위를 통해 자손을
거느릴 수 있다. 한두명이 아닌 여럿을
새끼칠 수 있다. 물론 자손이 다시 새끼를 낳을
수 있다. 모두 한 식구다. 전체 재산도
한 번 따져볼 만하다.

식구들 모여라 … 연결재무제표의 정의

「연결」은 잇는다는 뜻이다. 따라서 **연결재무제표**는 「이은」 재무제표다. 즉 재무제표와 재무제표를 이었다는 뜻이다. 이를 회계적으로 표현해 보면, 둘 이상의 회사의 재무제표를 하나로 묶은 것을 말한다. 즉 재무제표에 표시된 회계적 사실을 하나로 만든 재무제표다. 왜 묶는가? 재무제표를 연결하는 이유를 알기 전에 먼저 「지배」와 「종속」에 대한 개념의 이해가 필요하다.

어느 한 회사가 다른 회사의 지분, 곧 주식을 소유하면서 사실상 좌지우지하는 경우가 있다. 사실 법적으로는 서로 다른 회사다. 그러나 A 회사가 B 회사 지분의 대부분을 소유하고 있다면 A 회사는 B 회사의 경영을 「지배」할 수 있다. 이 경우 A 회사를 **「지배회사」**라 하고 B 회사를 **「종속회사」**라 한다. 종속회사는 경영상 의사결정을 하는 데 지배회사의 뜻에서 벗어나기 어렵다. 임원을 뽑거나 주주총회에서 어떤 결정을 내릴 때와 같이 지배권 행사를 할 때 지분 비율에 따라 의결권이 행사되기 때문이다.

이처럼 법적으로는 서로 독립된 회사지만 경제적으로는 마치 하나의 회사처럼 움직일 때 연결재무제표를 작성할 필요가 생긴다. 연결재무제표는 서로 다른 둘 이상의 회사를 하나의 회사로 간주하고 작성한 재무제표를 말한다.

지배회사가 종속회사의 지분율을 50% 초과해서 가질 때는 지배회사를 **모회사**라고 한다. 이 때 종속회사는 **자회사**가 된다. 지배 및 종속관계가 이루어져 연결재무제표 작성시에 포함되는 회사를 **연결대상**이라고 한다. 이를 다른 말로는 **연결범위**라고도 한다.

연결재무제표제도가 발달한 나라는 미국이다. 여기에는 그럴 만한 역사적인 배경이 있다. 미국은 알다시피 연방국가다. 50개 주가 모여서 한 나라를 이루고 있다. 지금도 각 주의 독립성은 법적으로 보장되어 있다. 각 주마다 법이 다르고 나름대로의 특색을 유지하고 있다.

미국 내에서 회사를 설립하고 영업을 하기 위해서는 여러 지역에 거점을 두어야 한다. 이 경우 각 주마다 상법은 물론 기업활동에 관한 법 또한 달라 지점을 두고 영업을 하기보다는 별도의 법인을 설립하는 게 유리할 때가 많다.

우리나라 기업들도 해외 지점보다는 아예 현지법인을 세우는 편이 유리한 것은 마찬가지다. 각 주에 설립해둔 법인은 사실상 한 회사다. 결산을 하려면 하나로 합쳐야 한다. 그래야만 경영 성과를 명확하게 측정할 수 있다. 여기서 연결재무제표 작성의 필요성이 부각되었다. 이는 또 오래 전부터 미국에서 연결재무제표가 발달한 이유이기도 하다. 미국의 경우는 여기서 더 나아가 연결재무제표를 기준으로 세금도 납부할 수 있다.

연결재무제표를 작성하면 같은 연결범위 내에 있는 회사끼리 거래한 것은 한 회사 내에서 거래한 것으로 간주된다. 따라서 이 거래의 결과는 전면 제거된다. 이를 흔히 **내부거래**라 한다. 내부거래에서 발생한 이익마저 제거되기에 전체 이익규모는 대체로 줄어든다. 따라서 세금을 낼 때 기업에 유리하게 된다.

미국의 연결재무제표제도가 자생적으로 발전한 것과는 달리 우리나라에서는 공식적으로 제도를 도입함에 따라 의무화되었다.

정부는 1976년부터 상장법인에 한해 연결재무제표를 작성하도록 했다. 그리고 1992년부터는 작성뿐만 아니라 이를 사업보고서에 첨부하여 공시하도록 의무화했다. 지금은 상장법인과 코스닥법인, 그 밖에 주주가 500명 이상으로서 금융감독위원회에 등록한 법인과 증권거래법에서 정한 회사들을 그 대상으로 하고 있다.

우리나라 연결재무제표제도 도입의 필요성은 금융기관의 여신관리 측면에서 제기되었다. 재벌 기업에 돈을 빌려줄 때 개별 기업보다는 그룹 전체의 재무 상태와 영업실적에 따라 여신이 관리되었기 때문이다.

예를 들어 보자. 지배회사인 A의 당기순이익이 1만 원이고 종속회사인 B의 당기순이익은 6,000원이라고 하자. 따라서 A, B 두 회사의 당기순이익의 단순 합계는 1만 6,000원이다. 이들 기업 간의 거래(내부거래)에 따른 이익은 2,000원이다. 이 이익이 B 회사의 이익에 포함되어 있다면, 이들 기업의 당기순이익 단순 합계인 1만 6,000원은 실질적으로 의미가 없다. 오히려 내부거래에 따른 이익 2,000원을 제거한 1만 4,000원이 더 진실한 의미의 이익에 가깝다.

이러한 정보는 투자자, 채권자, 경영자 입장에서 모두 필요하다. 이는 개별재무제표와 별도로 연결재무제표의 필요성을 보여주는 대목이다.

누가 식구인가 … 연결범위

연결재무제표는 경제적 실체를 기준으로 작성하는 재무제표다. 법적으로는 각기 독립된 회사이므로 어느 범위까지를 하나의 경제적 실체로 보는지가 매우 중요한 문제로 떠오른다.

우리나라는 이것을 법으로 규정해두고 있다. 즉 「주식회사의 외부감사에 관한 법률」에서 이를 규정하고 있다. 그리고 지분율과 지배력을 기준으로 연결대상에 포함시킨다. 이 때 지배력은 형식적이지 않더라도 실질 지배력이 있으면 연결재무제표 작성의 대상으로 본다.

연결재무제표의 연결대상은 누구일까?

먼저 자회사를 들 수 있다. 어느 기업이 다른 회사의 지분을 50% 초과해서 가지고 있다면 그 회사는 자회사가 된다. 또 자회사는 아니지만 지분율이 30%를 초과하고 최대주주가 되면 연결대상이 된다. 물론 30%를 초과하는 주식을 소유했어도 다른 주주가 더 많이 가지고 있으면 그 회사는 연결대상이 되지 않는다.

지분에 관계없이 어느 회사 임원의 과반수를 마음대로 임명할 수 있으면 연결대상이 된다. 이것을 **실질지배력기준**이라고 한다. 이는 실질적으로 기업 지배권을 갖고 있다고 보는 것이다.

연결대상이더라도 규모가 너무 작거나 금융업과 비금융업처럼 이질적인 회사끼리는 연결재무제표를 작성하지 않아도 되는 예외규정이 있다.

지분법

연결재무제표와 관련해 지분법이라는 말이 있다.

지분법은 A 회사가 B 회사의 지분을 20% 가지고 있다면, B 회사 당기순이익의 20%만을 A회사가 수익으로 인식하는 방법이다. 결국 자기가 가지고 있는 지분만큼을 수익으로 보는 것이다.

지분법을 모든 투자기업에 엄격하게 적용할 경우, 지분법에 따른 당기순이익과 연결회계에 의한 당기순이익은 동일하다. 연결회계는 상대방 회사의 지분을 100% 소유하지 않고 있다면 모두 연결한 다음 외부주주지분을 분리한다. 반면에 지분법은 자기가 소유하는 부분만을 합치는 것이다. 따라서 지분법을 「한 줄로 표시한 연결회계」라고 하기도 한다.

우리 기업회계에서는 연결대상에 포함되지 않더라도 「중대한 영향력」을 행사할 수 있는 경우에는 지분법을 적용하도록 하고 있다. 여기서 「중대한 영향력」이란 먼저 연결실체에 포함되지 않는 회사의 이사회에 참여해 잉여금 분배·영업 정책에 참여하는 경우라고 할 수 있다. 또 중요한 내부거래가 있거나 경영진의 인사 교류 등이 있으면 중대한 영향력이 있는 것으로 본다.

그리고 20% 이상의 지분을 소유하고 있는 경우도 중대한 영향력이 있다고 본다.

누가 세대주인가 … 연결재무제표의 작성주체

연결재무제표의 작성 주체는 누구인가?

논리상 종속회사보다는 지배회사가 주체가 되는 것이 타당해 보인다. 지배회사가 종속회사에 대해 지배권을 갖고 있기 때문이다. 지배회사의 주주나 채권자 입장에서 볼 때도 연결재무제표는 지배회사가 작성해야 한다.

일반적으로 지배회사가 종속회사보다 규모가 크고 회계시스템도 안정적인 경우가 대부분이다. 또 작성에 따른 비용 부담이나 인력 활용 면에서도 지배회사가 작성하는 것이 당연하다.

지배기업과 종속기업 간의 관계는 한 회사를 중심으로 하여 여러 회사가 수평적으로 연결범위 내에 드는 경우가 있다. 그런가 하면 지배·종속관계가 여러 단계를 거쳐 수직적으로 이어지기도 한다. 다시 말해 모회사, 자회사, 손자회사 등과 같이 계단식으로 엮어지는 경우를 말한다.

어떤 경우든 최고 상위에 위치한 지배회사가 모든 종속회사를 묶어서 연결한다.

연결 형태가 애매할 때는 자산 규모가 제일 큰 회사가 연결재무제표를 작성한다. 서로 지배하고 지배받는 형태로 지배·종속관계가 형성된 경우가 이에 해당한다.

식구들 재산의 의미 … 연결재무제표의 성격

연결재무제표는 누구를 위해 작성될까?

여기에는 두 가지 견해가 맞서고 있다.

하나는 지배회사만의 주주 채권자 등 이해관계자를 위해 작성된다는 견해. 즉 연결재무제표를 지배회사의 실질 재무제표로 본다는 뜻이다. 이를 「**지배회사 이론**(proprietary theory)」이라고 한다.

다른 하나는 연결대상 기업 모든 이해관계자를 위해 작성된다는 견해다. 이는 연결재무제표가 소유자와는 관계없이 독립된 기업 실체를 중심으로 작성된다는 입장이다. 이는 또 연결 범위에 들어오는 모든 회사를 하나의 기업 실체로 간주한다. 이를 「**실체 이론**(entity theory)」이라 한다.

이들 이론 사이에 가장 큰 차이점은 외부주주지분에 대한 생각에서 잘 나타나고 있다. 지배회사이론은 지배회사의 주주 입장에서 연결재무제표를 작성한다. 따라서 외부주주지분은 지배회사의 주주가 부담하는 부채로 간주된다. 그러나 실체이론에서는 지배회사의 주주나 종속회사의 외부주주는 동등한 지위를 갖는 실체의 주주다.

따라서 **외부주주지분**이란 연결된 기업실체에 대해 외부주주가 갖는 정당한 청구권을 의미한다. 다시 말해서 부채가 아니라 지분으로 간주된다.

우리나라의 「연결재무제표준칙」은 실체 이론과 지배회사 이론의 중간적 자세를 취하고 있다.

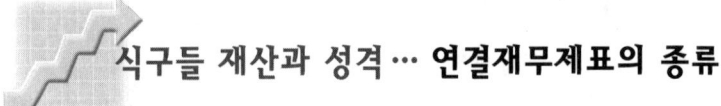
식구들 재산과 성격 … 연결재무제표의 종류

연결재무제표의 종류도 개별재무제표와 크게 다르지 않다. 우선 연결대차대조표와 연결손익계산서가 있다. 그리고 연결자본변동표와 연결현금흐름표가 있다. 그 양식은 개별재무제표와 비슷하다.

연결대차대조표

개별 기업의 대차대조표는 일정한 시점, 즉 결산기 말의 기업의 재무상태를 나타낸 종합보고서다. 연결대차대조표도 마찬가지다. 연결대차대조표 역시 지배회사의 결산일 현재, 연결범위 내에 있는 회사들의 재무상태를 종합한 것이다.

이는 각 기업들을 연결시켜 하나로 본 기업의 자산은 얼마이고, 부채와 자본은 각각 얼마인지를 보여준다. 물론 단순하게 개별 기업의 자산 또는 부채와 자본을 합산한 것이 아니다. 지배회사는 종속회사의 주식을 소유하고 있다. 그것도 연결대상에 포함될 정도로 많이 가지고 있다. 이들 회사를 연결할 때는 지배회사가 가지고 있는 종속회사의 주식(투자유가증권)과 종속회사의 자본(자본금)을 서로 삭제한다.

회계에서는 이를 상계한다고 한다. 사실상 한 회사로 보면 당연한 일이다. 자기회사 주식을 자기가 갖고 자본을 늘려잡는 것과 같기 때문이다.

연결 범위 내에 속하는 회사끼리의 채권과 채무도 서로 상계한다. 실제로는 돈을 빌려주면서 이자도 받는다. 그러나 연결재무제표에서 보면 이들은 한 회사다. 이 또한 내부거래로 간주해서 서로 제거한다.

연결손익계산서

개별 기업의 손익계산서처럼 연결손익계산서도 일정 기간의 경영성과를 표시한 재무제표의 하나다. 물론 연결 범위 내의 회사들 성과를 모두 합친 것이다.

연결손익계산서는 지배·종속회사의 수익과 비용을 계정과목별로 모두 합친다. 연결 범위 내의 회사끼리 거래한 결과에 따라 발생한 이익과 손실은 제거한다. 스스로에게 사고 팔아 이익이 났다면 그것은 진실된 이익이 아니기 때문이다.

연결자본변동표

1992년의 연결재무제표 공시가 시작되었을 때는 연결이익잉여금처분계산서가 새로 생겼다. 그러나 연결이익잉여금처분계산서의 유용성에 대해 많은 학자들과 전문가들의 의문이 제기되면서 1994년 6월 **연결잉여금계산서**로 바뀌었다. 연결잉여금계산서는 연결자본잉여금과 연결이익잉여금이 어떻게 변했는지를 보여준다.

연결잉여금이란 지배회사 잉여금과 종속회사의 잉여금 중 외부주주 잉여금을 제외한 잉여금을 말한다. 곧 지배회사에 귀속될 잉여금만을 뜻한다.

연결잉여금계산서는 2000년 3월에 연결자본변동표로 바뀌었다. 연결자본변동표는 잉여금뿐만 아니라 자본 전체에 대한 변동내역을 보여준다.

연결현금흐름표

연결현금흐름표는 연결 범위에 포함되는 기업 전체의 현금 유출과 유입을 종합한 재무제표의 하나다.

물론 연결 범위 내의 회사 간에 이루어진 현금흐름은 상계한 다음에 작성된다.

개별재무제표에서도 마찬가지지만 연결재무제표에서 특히 유의해서 살펴볼 것은 각종 주석사항이다.

연결범위를 정한 기준, 연결에 포함된 회사와 제외된 회사, 각종 채권·채무의 내용 등 재무제표에서는 자세히 알 수 없는 사항들을 주석을 통해 알 수 있다.

식구들 재산을 모아 무엇에 쓰나 …
연결재무제표의 유용성

연결재무제표는 개별재무제표를 「묶는 것」이다. 그런데 지배회사가 종속회사 지분을 100% 소유하지 않는 이상 재무제표 전체를 묶는 것은 바람직하지 않다. 지분율이 80%라면 그에 해당하는 부분만을 묶는 것이 적절하다.

연결재무제표를 보면 외부주주지분, 외부주주지분순이익으로 표시된 계정이 있다.

이것이 앞의 예처럼 지배회사가 소유하지 않은 20%의 외부주주에 해당하는 부분이다.

종속회사의 당기순이익이 6,000원이면, 지배회사의 당기순이익에는 종속회사의 지분만큼인 4,800원(6,000원×80%)만 반영되는 것이다.

이렇게 지배·종속회사를 하나로 보고 지배회사의 지분만큼 반영해 작성한 연결재무제표는 개별재무제표에서 제공하지 못하는 유용한 정보들을 제공한다.

물론 개별재무제표에 더하여 연결재무제표를 작성하는 데는 추가적인 비용과 노력이 필요하다.

또 연결재무제표를 작성하는 일은 복잡하고 힘이 든다.

그럼에도 연결재무제표가 필요한 이유가 있다. 연결재무제표는 연결대상 기업 상호간의 거래를 상계한다. 또 실현되지 않은 이익인 미실현이익도 제거한다. 거품을 걷어내는 것이다.

내부거래는 연결의 관점에서 보면 한 회사 내에서의 거래다. 따라서 매출로 인정할 수 없다. 여기서 발생하는 이익도 당연히 이익으로 볼 수 없다.

이렇게 연결재무제표는 연결 범위 내의 회사 간 거래에서 발생할 수 있는 회계상 거품이나 이익 조작의 가능성을 미연에 방지할 수 있다.

결국「신뢰할 수 있는 회계」를 만드는 데 기여하게 된다.

연결재무제표에 대한 정보는 종속회사의 주주보다는 지배회사의 주주들에게 더 유용한 정보를 제공할 수 있다.

지배회사의 주주나 채권자 등 이해관계자들은 지배회사의 개별재무제표만으로 투자나 대출에 대한 의사결정을 하는 데 한계를 느끼게 된다.

이들에게 연결재무제표로부터 얻을 수 있는 정보는 매우 유용하다. 종속회사의 영업성과나 재무상태가 지배회사에 직접 영향을 미치기 때문이다.

삼성 그룹이나 SK 그룹을 평가하기 위해 삼성전자나 SK텔레콤의 개별재무제표보다 연결재무제표가 더 유용하다는 것은 당연한 사실이다. 연결대상 회사들 전체에 대한 영업 성적이나 재무 위험, 신용을 평가하는 데 개별재무제표보다는 연결재무제표가 더 유용하다.

식구들 재산이 모두 내 것일까···
연결재무제표의 한계

연결재무제표는 유용성이 있지만 한계도 지니고 있다. 관점을 달리 하면 유용성이 바로 한계점과 이어진다. 기본적으로 연결재무제표가 개별회사의 재무제표를 완전히 대체하기는 어렵다. 연결재무제표는 경제적 실질을 위주로 작성되기에 법적 독립성을 무시할 수 없는 한 그 한계는 나타나기 마련이다.

먼저 투자자 입장에서의 연결재무제표의 한계를 보자. 연결재무제표의 한계 중 치명적인 것은 배당가능성에 대한 예측이다. 개별재무제표의 이익잉여금처분계산서는 실질적인 배당가능이익을 표시한다. 그러나 연결재무제표의 배당가능이익은 개별회사의 배당가능이익의 단순한 합산이다. 이는 실제로 배당 가능한 금액은 아니다.

따라서 연결재무제표를 통해 개별 기업의 배당 가능성을 예측하거나 또 기업에서도 배당정책을 수립하는 것은 불가능하다.

그런 이유 때문에 예전에 연결재무제표에 포함되었던 연결이익잉여금처분계산서가 지금은 연결자본변동표로 대체되었다.

연결재무제표는 지배회사의 주주와 채권자 입장에서 작성된다. 이는 개별 회사의 재무제표에 대한 정보는 제공하지 않는다. 이 점은 연결재무제표의 본질적인 속성으로 어쩔 수 없는 것이기도 하다. 따라서 개별 회사의 배당능력이나 지불능력, 유동성 등 많은 정보를 연결재무제표로부터 전혀 얻을 수 없다.

채권자 입장에서 보면 연결재무제표를 기준으로 회사에 대해 청구권을 행사할 수 없다는 점이 가장 큰 한계다. 채권·채무는 법적인 실체를 기준으로 확정된다. 아울러 이를 토대로 상환을 청구할 수 있다. 따라서 연결재무제표로서는 청구권에 대한 아무런 정보를 얻을 수 없다.

지급능력이 뛰어난 회사와 그렇지 못한 회사가 연결되면 평균적 회사의 모습이 그려진다. 하지만 이 연결재무제표는 둘 중 어떤 회사의 지급능력도 보여주지 못한다. 오히려 혼란만을 가중시킬 수 있을 뿐이다.

연결주체가 아닌 외부주주(소수주주)의 입장에서도 한계는 있다. 연결재무제표에는 개별회사의 정보가 기재되지 않기에 외부주주의 경제적 의사결정에는 전혀 도움이 되지 않는다. 외부주주의 이해가 연결재무제표와는 동떨어져 있어 아무런 관계가 없기 때문이다.

이 밖에 연결재무제표를 기준으로 재무분석을 하는 것은 매우 위험하다. 연결 범위에 들어오는 회사의 계정을 단순하게 합산한 연결재무제표를 토대로 산출된 재무비율이 의미 있는 사실을 전달해주는 경우는 거의 없다.

부동산 전문회사와 기계 제작회사의 연결재무제표에서 재고자산에 포함된 토지와 기계는 매우 이질적이어서 의미가 없다. 또 지배회사와 종속회사가 서로 다른 회계처리기준을 가지고 있을 경우는 연결재무제표를 바탕으로 작성한 재무비율도 쓸모가 없다.

제7장 모두 모두 모여라…기업집단결합재무제표

친척들도 모여라…기업집단결합재무제표의 정의

친척들의 이점…결합재무제표의 효용

친척들의 허점…결합재무제표의 한계

누가 친척인가…결합대상 기업집단의 범위와 작성주체

친척들의 상태와 성과…결합재무제표의 종류

우리 기업의 특징을
들라고 하면 뭐니뭐니 해도 「재벌」
이라는 점일 것이다. 출자관계가 없는데도
한 개인의 영향력 내에 들어간 기업들이 많다.
이들 기업을 모으는 것도 관심을 가질 만하다.
그러나 그저 흥미 수준일 뿐 투자에 별
도움은 되지 않는다.

친척들도 모여라… 기업집단결합재무제표의 정의

　연결재무제표는 기업 간 지배·종속관계를 기준으로 작성하는 재무제표다. 반면에 **「기업집단결합재무제표」**는 특정 개인의 지배 하에 있는 기업집단을 하나의 경제적 실체로 간주하고 작성하는 재무제표다. 이는 우리나라에서만 작성하고 있는 재무제표다.

　미국에서 사용하고 있는 「결합재무제표(Combined statements)」는 우리의 기업집단결합재무제표와는 다르다. 이는 단순히 둘 이상의 회사의 재무제표의 합산표다. 그리고 오늘날 거의 사용되지 않는 재무제표다.

　그러나 우리의 기업집단결합재무제표는 결합재무제표에 연결재무제표 작성방법을 섞어놓은 것이다. 우리나라 기업의 소유 형태는 개인인 실질 소유자와 그 특수관계인을 중심으로 이루어져 있다. 이를 우리는 그룹 또는 재벌이라고 한다. 따라서 연결재무제표로는 우리의 기업집단, 즉 재벌의 회계정보를 효율적으로 공시할 수 없다는 지적을 받아왔다.

　삼성 그룹이라고 하면 몇십 개의 회사로 이루어져 있다는 것을 누구나 알고 있다. 이들 기업은 대부분 「삼성」이라는 상호를 쓴다. 또 공동의 연대의식을 갖고 많은 부분에서 서로 협조하고 다른 기업들과 구분한다.

그러나 기업의 소유지분기준으로 연결재무제표를 작성하다 보면 삼성 그룹 내에서도 여러 개의 연결재무제표가 작성된다. 이들 「삼성그룹」의 재무제표를 하나로 만들기 위해 고안된 것이 바로 기업집단결합재무제표인 것이다.

기업집단결합재무제표는 1991년부터 도입이 검토되었다. 그러다가 1996년부터 한보, 기아 등 대규모 기업집단들이 잇단 부도로 쓰러지면서 다시금 사회적 논의의 대상으로 떠올랐다. 결국 1997년 기업집단결합재무제표가 도입되었고, 1999년 결산 사업년도부터 작성이 의무화되었다. 2000년 7월에 기업집단결합재무제표를 제출한 회사는 15개사였다. 하지만 기업집단결합재무제표를 제출하는 회사가 많지 않아 도입을 위한 사회적 논의에 비해 그 효용은 의문시된다.

아래에서는 일반적으로 쓰이고 있는 **「결합재무제표」**라고 표현하기로 한다.

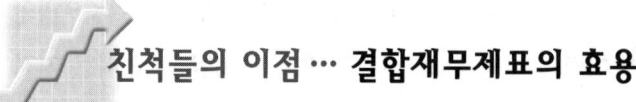

친척들의 이점 … 결합재무제표의 효용

결합재무제표는 연결재무제표에서 제공해주지 못하는 정보를 제공해준다. 즉 기업집단 전체의 재무상태, 경영성과, 현금흐름을 제공한다. 또 계열 기업 간의 채무보증이나 담보제공, 자금의 대여와 차입

현황, 상호 출자 등 거래 내역을 제공한다.
 우리는 개별재무제표가 제공하지 못하는 정보를 얻기 위해 연결재무제표를 작성한다. 이와 마찬가지로 우리는 연결재무제표가 제공하지 못하는 기업집단에 관한 정보를 얻기 위해 결합재무제표를 작성하는 것이다. 연결재무제표로는 각 그룹, 즉 재벌의 기업 전체를 망라한 하나의 재무제표를 얻을 수 없었지만 결합재무제표를 작성하면서 이것이 가능해진 것이다.

친척들의 허점 … 결합재무제표의 한계

 먼저 결합재무제표는 연결재무제표가 가지는 한계를 그대로 지닌다. 결합재무제표를 바탕으로 배당금지급능력을 측정하는 것은 사실상 불가능하다. 또 개별 기업의 부채상환능력도 점검할 수 없다. 기업집단의 정의가 논리적이지 못하고 작성자가 누가 되어야 하는지에 대한 타당한 근거도 없다. 계열회사 간의 서로 다른 업종, 결산기 분산 등으로 결합재무제표의 신뢰성이 확보되지 못하는 경우가 있다.
 지주회사제도의 경우에는 결합재무제표를 작성할 필요가 없다. 사실 지주회사제도가 활성화되고 지배구조가 기업 간 소유형태로 이행하게 되면 결합재무제표는 용도 폐기될 가능성이 높다.

누가 친척인가…
결합대상 기업집단의 범위와 작성주체

결합대상 기업집단은 공정거래법에서 정한다. 공정거래위원회에서 매년 순위를 정해 발표하는 대규모 기업집단이 바로 그것이다. 즉 삼성, LG, SK, 현대자동차와 같은 그룹들, 바로 재벌이다. 결합대상 기업집단은 이 그룹들에 속하는 모든 회사를 포함한다. 그것이 국내법인이든, 해외 현지법인이든, 주식회사든, 기타 다른 형태의 회사든 가리지 않는다.

결합재무제표의 보고주체는 기업집단 자체가 된다. 다만 결합대상 집단 중 어느 회사가 결합재무제표를 작성하는가 하는 것은 공정거래위원회가 정한다. 대개는 그룹의 주력 기업이 작성하고 있다.

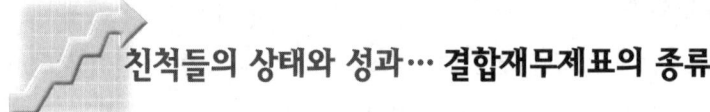친척들의 상태와 성과… 결합재무제표의 종류

결합재무제표는 결합대차대조표, 결합손익계산서, 결합현금흐름표로 구성된다. 이를 연결재무제표와 비교하면 연결자본변동표가 빠져 있다. 기본적으로 결합재무제표에 담는 내용과 형식은 연결재무제표와 같다. 다만, 재무제표에 포함되는 대상이 연결대상 범위인지, 기업집단 범위인지의 구분에 따라 달라지는 것뿐이다.

결합재무제표의 작성 또한 기업회계기준에 따르는 것이고 연결재무제표와 같은 과정에 의해 이루어진다.

결합대차대조표의 경우에는 결합대상 기업의 대차대조표를 같은 과목끼리 합산한 후 대상회사 상호간의 투자계정과 자본계정, 그리고 채권·채무계정도 상계를 통해 제거하여 작성한다.

결합손익계산서도 마찬가지로 개별 회사의 손익계산서를 합산한 다음 계열회사 간에 발생한 내부거래와 미실현손익을 제거하여 작성한다.

결합현금흐름표는 결합대상 기업들의 현금흐름표를 합산한 후 계열회사 상호간의 현금흐름을 제거한다.

제8장 금융기관은 뭐가 다른가…
특수 업종의 재무제표

업종 특성이 복잡하게 한다

은 행 업

증 권 업

보 험 업

종합금융업과 상호신용금고업·리스업

금융업의 재무제표는
제조업과는 약간 다르다.
재화가 아닌 서비스를 판매하기 때문이다.
그렇다고 전혀 다르지는 않다. 제조업과 같은
매출 개념이 없을 뿐 기본 회계처리는 마찬가지다.
조금만 노력하면 쉽게 이해할 수 있다.

업종 특성이 복잡하게 한다

　은행의 대차대조표를 본 적이 있는가. 은행의 대차대조표나 손익계산서를 살펴보면 우리가 알고 있는 일반적인 재무제표와는 다른 점이 많다. 먼저 대차대조표에 유동자산이라는 분류가 없다. 하지만 자산을 차지하고 있는 대부분은 유동자산으로서 현금과 유가증권과 대출채권이다.
　부채의 대부분은 예수금이다. **예수금**이란 고객들로부터 받은 예금이다. 일반 제조업에서의 예금은 회사의 유동성을 표시하는 중요한 자산이다. 하지만 은행의 입장에서는 고객이 요구하면 돌려주어야 할 부채다.
　손익계산서에는 매출액이 없다. 영업수익과 영업비용이 있을 뿐이다. 은행이라는 업종의 특성 때문이겠거니 하면서도 각각의 계정과목의 정확한 뜻을 알기란 쉽지 않다.
　우리가 흔히 접할 수 있는 것은 대개 제조업의 재무제표다. 제조업이 아니더라도 서비스업, 무역업 등 비제조업으로 분류되는 것들이다. 제조업과 이들 비제조업의 재무제표는 거의 차이가 없다.
　그러나 비제조업 중에서도 일부 업종과 금융업의 재무제표는 제조업의 재무제표와 사뭇 다르다. 따라서 이들 특수한 업종의 재무제표를 이해하고 분석하는 작업은 제조업과는 다를 수밖에 없다.

특수한 업종으로는 비제조업에 속하는 건설업과 금융업 등을 들 수 있다. 금융업과 비슷한 업종으로는 은행업, 보험업, 증권업, 상호신용금고업, 종합금융업, 리스업 등이 있다.

여기서는 이들 특수한 업종에만 적용되는 기준과 이들 업종에서 사용하는 특수한 계정과목의 내용들에 대해 알아보기로 하자.

은 행 업

은행은 그 특유한 영업부류와 그에 맞는 회계처리를 하기 위해 일반 기업과는 달리 기업회계기준과 함께 은행업 회계처리준칙을 준수해야 한다. 즉 은행의 특성에 맞는 회계처리를 할 수 있도록 특칙을 만들어둔 것이다.

먼저 대차대조표를 살펴보면「현금 및 예치금」이 있다. 물론 이는 유동자산에 속하기는 하지만 유동자산이라는 분류는 없다.

예치금은 은행이 가지고 있던 현금을 다른 금융기관에 다시 예금한 것을 말한다. 이는 제조업에서의 예금과 같다.

은행이 가지고 있는 유가증권은 그 보유목적에 따라 두 가지로 분류된다.

사고 팔면서 그 차익을 얻고자 일시적으로 보유하는 유가증권은

상품유가증권이다. 경영권 지배나 만기까지 보관할 목적으로 보유하는 유가증권은 투자유가증권으로 분류한다. 상품유가증권에 속하지 않는 유가증권은 모두 투자유가증권이다. 투자유가증권은 상품유가증권에 비해 보유기간이 매우 길다.

대출채권은 여러 가지 명칭으로 나타날 수 있지만 본질은 빌려준 돈이다. 이는 은행의 기본적 업무인 여신기능의 회계적 표시다. 대출에 따른 이자수익이 은행 수입의 원천이다.

대출채권 가운데 **지급보증대지급금**이라는 계정과목이 있다. 이는 은행이 지급을 보증한 채무가 제대로 결제되지 않아 미리 약정한 대로 대신 지급하면서 발생한 채권이다.

예를 들어 은행과 고객 A가 일정 범위 내에서 지급보증약정을 체결했다고 하자. 그런데 A가 제3자에게 은행과 약정한 범위 내에서 지급을 못 하게 되어 은행이 제3자에게 대신 지급했다면, 은행은 A에게 그 금액을 청구할 채권을 갖게 된다. 이것이 바로 지급보증대지급금이다.

예수금은 은행이 고객에게서 유치한 예금이다.

차입금은 은행이 한국은행과 같은 다른 금융기관에게서 빌린 돈이다. 이는 원화로 갚기로 한 조건이면 **원화차입금**, 외화로 갚기로 했으면 **외화차입금**으로 표시한다.

환매조건부채권매도는 일정 기간이 경과하면 되사주기로 하고 채권을 발행해서 자금을 조달한 것이다.

매출어음은 매입해서 가지고 있는 어음을 근거로 해서 은행이 발행한 이음(표지어음)을 일반인들에게 팔아서 조달한 금액을 말한다.

　은행이 하는 일은 돈을 팔고 사는 일이다. 따라서 물건을 만들거나 사고 파는 회사와는 손익구조나 손익계산서의 단계가 다를 수밖에 없다. 먼저 은행의 손익계산서에는 매출이나 매출원가가 없다. 바로 영업수익에 영업비용이 차감된다. 여기서 영업이익 또는 영업손실이 발생한다.

　영업수익은 제조업의 매출액과 비교된다. **영업비용**은 매출원가와 판매 및 일반관리비를 합친 것이다. 영업수익의 대부분은 또한 이자수입이다. 그 밖에 유가증권을 운영해서 얻는 처분이익이나 평가이익, 그리고 배당수익 등이 있다. 최근에는 은행들이 각종 수수료를 인상해서 얻는 수수료수익도 증가하고 있다.

　영업비용의 대부분은 고객들이 맡겨놓은 예금에 대해 지급하는 이자다. 그 밖에는 각종 수수료와 인건비 등 일반 제조업의 재무제표와 비슷하다.

증 권 업

　은행을 통해 효율적으로 자금시장을 육성하고 예금자를 보호하기 위해 만들어진 법이 바로 은행법이다. 그러나 증권업에 대해서는 증권업법이 없다. 따라서 증권회사에 대해서는 증권거래법이 그 역할을 하고 있다. 증권거래법에 따라 영업인가를 받은 증권회사도 은행만큼이나 그 회계나 계정과목에 특색이 있다. 그래서 기업회계에서는 별도의 증권업 회계처리준칙을 마련해놓고 있다.

증권업의 대차대조표는 은행에 비하면 비교적 이해하기 쉬운 편이다. 먼저 유동자산에는 현금과 예치금이 있다.

예치금은 증권금융(주)와 금융기관에 예치한 금액, 그리고 증권거래소 등에 납부한 회원으로서의 증거금 등으로 구성된다. 또 증권시장안정기금에 출연한 금액도 예치금에 속한다.

증권회사의 주된 업무는 거의 유가증권의 매매, 중개, 대리 등과 관련되어 있다. 유가증권은 상품유가증권과 투자유가증권으로 구분한다. 유동자산에 속하는 상품유가증권은 사고 팔아 얻는 단기적인 매매차익을 얻기 위해 보유하는 유가증권이다. 고정자산으로 분류되는 투자유가증권은 상품유가증권에 속하지 않는 모든 유가증권을 말한다.

증권회사 대차대조표의 이익잉여금 속에는 증권거래준비금이라는 계정과목이 보인다. **증권거래준비금**은 증권거래법에서 적립을 의무화하고 있다. 이는 증권회사의 재무 충실을 유지하고 매매손실이나 증권사고에 대비하기 위한 것이다.

증권거래준비금은 유가증권매매이익과 거래대금에 비례한 일정 비율에 해당하는 금액을 적립하도록 하고 있다. 유가증권 매매이익 중 일정 부분은 **증권거래손실준비금**이다. 거래대금의 일정 부분은

증권거래책임준비금으로 구분하여 적립힌다. 이 두 가지를 합쳐서 증권거래준비금으로 한다.

증권회사의 손익계산서에는 은행업과 마찬가지로 매출액과 매출원가, 매출총이익이라는 단계가 없다. 따라서 영업수익에서 영업비용을 차감하여 영업이익을 구한다. 그 밖의 계정과목이나 재무제표의 형식은 제조업과 비슷하다.

보 험 업

보험회사를 효율적으로 지도·감독하고 보험계약자 등 이해관계인의 이익을 보호하기 위해 만들어진 법이 「보험업법」이다.

보험업 또한 일반 기업과는 다른 공공적 성격을 가지고 있고, 업무영역에 있어서도 특수한 분야다.

기업회계에서는 보험회사들에게만 적용하는 보험업 회계처리준칙을 마련해놓고 있다.

보험회사의 자산은 현금 및 예치금, 상품유가증권, 투자유가증권, 대출채권, 기타자산으로 구성되어 있다.

은행·증권업과 다른 점은 대출채권의 내용과 일부 현금 및 예치금 부분이다. 예치금에는 단체퇴직보험예치금, 대출채권에는 보험약

관대출 등 업종의 특색을 나타내는 과목으로 구성되어 있다.

대차대조표의 기타자산에 보면 **구상채권**이라는 과목이 있다. 이는 보험금 지급 후 사고 해결과정에서 취득하는 담보자산의 매각 등 권리행사에 따라 회수가 가능한 금액을 말한다.

예를 들면 자동차 사고로 인하여 보험회사가 계약자에게 보험에 들어 있는 자동차 값 전액을 지급하고 사고차량을 처분하여 얻을 수 있는 금액이 있다면, 이것이 곧 구상채권으로 기재된다.

부채에는 책임준비금이 있다. **책임준비금**이란 보험계약을 체결한 경우 앞으로 지급할 보험금이나 환급금, 계약자에 대한 배당금 등에 충당하기 위해 적립하는 것으로 여러 가지가 있다.

다음으로는 **계약자지분조정**이 있다.

보험회사가 보유하고 있는 자산을 재평가해서 늘어난 금액을 **재평가차액**이라고 한다.

이 재평가차액 중 계약자에게 배당금을 안정적으로 지급하고 일부분은 공익사업에 출연하기 위해 적립하는 경우는 계약자지분조정으로 분류해서 계상한다.

보험회사의 부채로 계상된 것 중에는 **비상위험준비금**이 있다. 이는 대형 화재나 천재지변처럼 사고 발생확률이 매우 불규칙하고 거액의 손해를 수반할 가능성이 있는 비상위험에 대비하기 위한 것이다.

보험회사의 손익계산서는 은행, 증권 등의 금융업 손익계산서와 비슷하기 때문에 별도의 설명은 생략한다.

종합금융업과 상호신용금고업 · 리스업

　종합금융회사에는 「종합금융회사에 관한 법률」, 상호신용금고회사에 대해서는 「상호신용금고법」, 리스 회사에 대해서는 「여신전문금융업법」이 적용된다.

　종합금융회사는 주로 어음의 발행 · 할인 · 매매 · 중개를 한다. 따라서 앞에서 기술한 금융업들과 뚜렷한 차이는 없다. 다만 어음과 관련된 업무 때문에 어음관리계좌자산과 관련된 과목이나 그에 따른 수탁금 계좌가 나타난다.

　상호신용금고업은 우리나라에서 오래 전부터 전승되어 내려온 「계」와 상호부조의 전통을 중심으로 특화한 금융업이다. 여기서도 종합금융업과 비교해 특별한 것은 없다.

　리스업은 물건을 빌려주고 사용료를 받는 사업을 주로 한다. 그러나 최근에는 단순한 물건임대업이라기 보다는 물건을 매개로 하는 금융업의 성격을 띠고 있다.

　이러한 성격은 리스업을 규율하는 법이 「여신전문금융업법」이라는 데서도 잘 나타난다.

　리스는 운용리스와 금융리스로 나뉜다. **운용리스**란 물건을 단지 사용만 하고 사용료를 내는 것을 말한다. **금융리스**는 사실상 돈을 빌려 물건을 사면서도 빌려쓰는 형식을 취하는 것이다.

이것을 구분하는 중요한 판단 기준은 물건을 소유함으로써 발생하는 위험과 효익이 누구에게 속하는지 하는 점이다. 물건 사용에 따르는 효익뿐만 아니라 위험마저도 물건을 빌린 사람에게 속한다면 이는 금융리스인 것이다. 여기서 말하는 위험이란 물건을 가동하지 않거나 구식이 되어 효용이 떨어지는 것들을 말한다.

리스와 관련된 회계는 크게 리스업자의 회계와 리스이용자의 회계로 나눌 수 있다. 리스이용자는 어떤 개인이나 기업도 가능하다. 따라서 리스이용자로서의 회계처리는 리스업 이외의 회사 재무제표에서도 찾아볼 수 있다.

리스 회사의 대차대조표에는 리스자산과목이 있다. 여기에는 여러 가지 리스대여자산을 계상해서 유동자산과 고정자산 사이에 별도 항목으로 기재한다. 손익계산서에서는 영업수익에서 영업비용을 차감하여 영업수익을 산출한다.

운용리스료 수입과 시설대여이자는 각각 운용리스와 금융리스에서 발생하는 수입이다. 리스업을 주된 영업으로 하지 않는 회사가 일시적으로 리스를 하는 경우에는 리스수입과 리스비용을 각각 영업외수익과 영업외비용으로 계상한다.

제9장 뭔가 부족할 때…주석과 주기

- 뭔가 부족할 때…주석과 주기
- 재산에서 조금 의심이 들면…대차대조표의 주석사항
- 그 밖의 의심은…손익계산서 · 이익잉여금처분계산서 · 현금흐름표의 주석
- 그래도 미진하면…보충적 주석사항

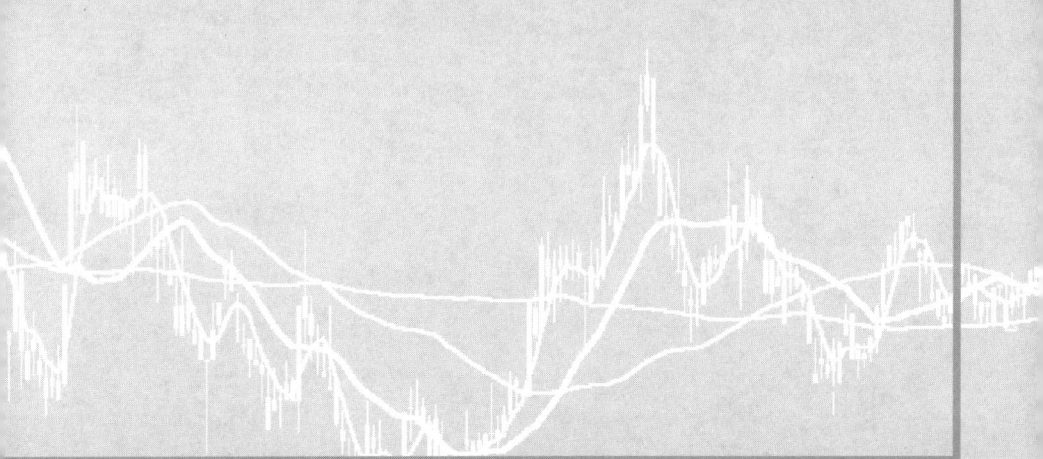

우리나라 사람들은
표 읽기를 싫어하는 편이다.
하물며 표 이외의 자료는 대부분
거들떠 보지 않는다. 그런데 여기에 무척
중요한 정보가 많이 있다. 단지 훑어보지 말고
한 번 자세히 들여다보면 내재가치에
결정타를 날릴 수 있는 정보가 있다.

뭔가 부족할 때… 주석과 주기

 재무제표는 말 그대로 「표」다. 그러나 재무제표가 「표」만으로 이루어진 것은 아니다. 그것만으로는 정보를 얻고 이해하기가 부족하다. 그래서 보충적 해석이 필요하다. 그것이 곧 주석과 주기다.
 주석은 재무제표의 일부지만 표 바깥쪽에 서술된다. 회사가 작성한 재무제표를 살피면 매우 많은 주석을 볼 수 있다. 그 전부가 재무제표를 해석하고 설명하는 자료들이다. 재무제표에는 숫자와 기호만 가득하다. 그 숫자들이 의미하는 것들에 대해 자세히 설명해주는 것이 바로 주석이다. 주석이 필요한 경우에는 해당 과목이나 금액 옆에 표시를 한다. 그리고 별도로 설명을 한다.
 주기 또한 재무제표의 일부다. 주석과 달리 **주기**는 재무제표 안에 표시한다. 대개는 괄호 안에 간단히 기입한다. 회사에서 작성한 손익계산서를 보면 당기순이익 밑에 1주당 순이익이 괄호 안에 표시되어 있다. 또 이익잉여금처분계산서의 배당금 과목 밑에 보면 괄호 안에 1주당 배당금이 표시되어 있다. 이것이 주기다.
 주석과 주기는 대부분 내부정보를 바탕으로 한다. 이는 투자자들과 같은 기업 외부의 사람들에게는 매우 중요한 자료가 된다. 주석과 주기는 숫자로 나타난 재무제표를 속속들이 들여다보게 해준다. 주석과 주기를 잘 살펴 이용할 줄 아는 사람은 다른 투자자보다 도구를 하나 더 가진 셈이다. 의사에게 있어 청진기의 역할을 생각해 보면 그 차이를 알 수 있지 않을까 싶다.

최근에는 우리나라에서도 주석과 주기에 의한 재무제표 공시를 강화해가는 추세다. 주석은 표시된 금액을 어떤 기준으로 산출했는지를 설명한다. 또 재무제표 안에 표기된 내용보다 더욱 상세한 정보를 제공하기도 한다. 때로는 대차대조표나 손익계산서에 반영하지 못한 내용에 대해서도 설명해준다. 아울러 재무제표 이용자의 오해를 예방하기 위한 보충설명을 하는 경우도 있다.

재산에서 조금 의심이 들면…
대차대조표의 주석사항

기업회계기준 본문에서 정하고 있는 주석사항은 대차대조표관련 내용이 가장 많다. 보충적 주석사항으로 추가 규정한 것만 스물한 가지나 된다. 주석을 통해 우리는 많은 것을 알 수 있다. 어떤 내용들이 주석으로 기재되는지 살펴보자.

기업회계기준에 따르면 대차대조표를 보고식 이외에도 요약식으로 작성할 수 있다. **요약식**으로 작성하면 대손충당금, 감가상각누계액 등의 평가계정을 따로 표시하지 않고 순액으로 기재할 수 있다. 이 경우에는 그 내용을 주석으로 기재해야 한다. 이는 간략한 서식을 사용한 만큼 최소한의 내용을 표시하라는 뜻이다.

사용이 제한되어 있는 예금도 주석을 달아야 한다. 당장 쓸 수 없는 돈은 유동성에 제한을 받기 때문이다. 매출채권을 양도하거나 할인받은 내용과 투자 또는 비영업용 부동산을 소유하는 경우에도 그 내용을 주석해야 한다. 이러한 주석사항은 회사가 보유한 자산의 실상을 파악하는 데 도움이 된다.

감가상각누계액과 대손충당금을 일괄하여 합산 기재하는 경우에는 그 내용을 주석으로 기재해야 한다. 사채와 장기차입금에 대한 상세한 내용도 주석에 기재된다. 이는 누구에게서 자금을 조달하고 어디에 썼는지 상세히 밝히라는 뜻이다. 이런 사항들을 재무제표 안에 숫자와 기호만으로 표시하는 것은 무리다. 따라서 주석을 통해서만 이런 내용들을 알 수 있다.

발행한 사채를 회사가 다시 인수하는 경우가 있다. 자기 회사 주식의 소유는 법에서 정한 사유 외에는 금지되어 있다. 그러나 자기가 발행한 사채를 되사는 것은 문제가 되지 않는다. 부채가 상환되기 때문이다. 회사가 사채를 발행하자마자 되사들이는 것을 이른바 「**리턴**(return)」이라고 한다. 대차대조표에는 이런 것까지 포함해 사채를 발행한 회사가 되사들인 것이 자기사채로 표시된다.

주석에는 자기사채의 취득 경위까지 기재하도록 하고 있다. 또 주석에는 퇴직급여충당금 관련사항도 있다. 회계년도 말에 모든 임직원이 퇴직한다면 소요될 퇴직금과 기왕에 적립해둔 퇴직충당금 내용,

특히 임원퇴직금 처리방법도 주석사항에 포함된다. 따라서 이는 실제로 회사가 부담해야 할 퇴직금을 산출하는 데 필요한 내용이다.

회계년도 중 증자나 감자, 주식배당 등에 따라 자본금이 변경되었으면 그 내용도 기재한다. 회사가 불가피하게 또는 증권거래법에 따라 주가 관리를 위해 자기주식을 취득하는 경우에는 그 경위나 향후 처리계획도 주석으로 밝혀야 한다.

대차대조표에는 자산과 부채의 평가와 관련한 주석사항도 많이 있다. 먼저 자산을 취득한 장부가액에 합산한 금융비용이 있다면 그 내용을 기재한다. 자산의 장부가액을 감액하거나 증액하는 경우에는 그 내용을 주석해야 한다. 유가증권과목에 대해서는 주식과 채권의 장부가액을 구분해서 주석으로 기재한다.

투자유가증권평가손익과 투자주식, 투자채권의 내용 또한 주석사항이다. 주석만으로도 회사의 유가증권 보유사항이나 목적을 어느 정도 파악할 수 있다. 채권·채무의 현재가치 관련정보, 파생상품 거래내역 등도 주석을 통해 알 수 있다.

최근 늘어나고 있는 파생상품관련 정보도 주석에 있다. 그 밖에 우발 상황에 관한 확정되지 않은 정보는 상세히 주석해 정보이용자가 미리 대비할 수 있도록 하고 있다.

대차대조표는 결산일 현재의 기업 재무상태만을 표시하고 있다. 그러나 주석사항에는 결산일 이후 발생한 주요사항까지 기재해야 한다. 이는 작성 시점에 보고 가능한 정보를 가능한 한 많이 제공하려는 의도다. 배당수익률, 배당성향 및 배당액의 산정내역도 주석사항이다. 이는 곧 회사의 배당정책을 가늠해 볼 수 있는 대목이다.

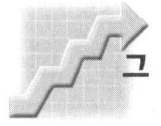 ## 그 밖의 의심은 … 손익계산서·이익잉여금처분계산서·현금흐름표의 주석

  손익계산서 등 다른 재무제표의 주석사항은 대차대조표와 비교하면 많지 않다. 먼저 손익계산서에는 매출액을 표시할 때 반제품·부산물·수출액·장기할부매출액 등이 중요하다고 판단되면 이를 주석으로 기재해야 한다. 아울러 이들과 관련된 매출원가도 주석으로 표시한다.
  당기순이익과 세법상 부담하는 법인세비용의 차이를 조정하기 위해 이연법인세를 계산해야 한다. 그리고 그 산출근거와 관련내용을 주석으로 기재해야 한다.
  1주당 경상이익과 1주당 당기순이익은 당기순이익에 주기하고 그 산출근거를 주석으로 표기해야 한다.
  이익잉여금처분계산서에는 배당금에 대한 주석이 있다.
  주식 종류별 주당배당금액과 액면배당률은 주기한다. 배당수익률과 배당 성향, 배당액 산정내역은 주석으로 기재하도록 하고 있다. 또 한 가지, 전기오류수정내용이 있을 때 그 내용을 주석한다.

여기에는 중대한 오류로 판단한 근거, 비교재무제표에 표시된 과거의 회계기간에 대한 수정금액, 비교재무제표가 재작성되었다는 사실, 오류로 인해 수정된 주요 항목의 변동 내역을 주석하게 되어 있다.

현금흐름표에는 현금의 유입과 유출이 없는 거래 중 중요한 거래를 주석사항으로 기재하도록 하고 있다.

그래도 미진하면 … 보충적 주석사항

보충적 주석사항으로 기업회계기준에서 정하고 있는 사항은 모두 스물한 가지다. 여기서는 간추려 설명한다.

먼저 회사의 개황, 주요 영업내용, 최근의 경영환경 변화와 주요 정책 변경내용을 주석하도록 하고 있다. 이는 회사의 대강을 파악할 수 있는 내용이다.

회사가 채택한 회계처리방침, 자산·부채의 평가기준 및 주요 평가손익에 대한 내용을 기재해야 한다. 그렇게 함으로써 회사가 채택하고 있는 전반적인 회계원칙을 알 수 있다.

특수관계회사와의 관계에 대한 상세한 사항을 주석에 포함하고 있다. 이는 불공정한 거래가 발생할 가능성을 막기 위한 조치다.

회사가 가입한 보험내용과 보유토지의 공시지가도 주석사항이다. 또한 당해 연도에 발생한 연구개발비 내역을 기재해야 하며, 법령 등에 따라 이익배당이 제한된 경우 그 내용을 주석하도록 하고 있다.

진행 중인 소송에 대해서는 그 내용뿐만 아니라 전망까지도 기재해야 한다. 아울러 제공했거나 제공받은 담보 및 보증의 내용도 주석해야 한다.

과거 2년 간의 결손보전 사실과 그 내용도 주석사항이다.

제조원가나 판매관리비에 섞여 있는 인건비 등 부가가치관련 항목도 따로 기재해야 한다.

천재지변 및 화재가 있었던 경우 그 내용, 회사의 환경기준과 정책·투자액 등도 주석에 기재해야 한다. 이는 특히 환경회계와 관련된 사항으로서 주목해야 할 부분이다.

종업원에 대한 복지, 사회에 대한 기여금 내용까지 주석으로 기재해야 한다.

이쯤 되면 회사에 대해 웬만한 내용은 대강 알 수 있다. 그 밖에도 전문인력 개발과 관련한 교육훈련비용에 신규채용 비용도 주석해야 한다.

부문별 사업과 중단된 사업부문에 대한 정보 등을 주석하도록 하고 있으며, 전환사채와 신주인수권부사채의 발행관련 사항도 기재해야 한다.

기타 재무제표 이용자에게 영향을 미칠 수 있는 사항과 이해를 위해 필요한 사항을 포괄적으로 주석사항에 포함시키고 있다.

제10장 좀더 자세히 알려면…부속명세서

좀더 자세히 알려면…부속명세서의 정의

꼭 작성해야 하는 명세서…필수적 부속명세서

필요하면 만드는 명세서…임의적 부속명세서

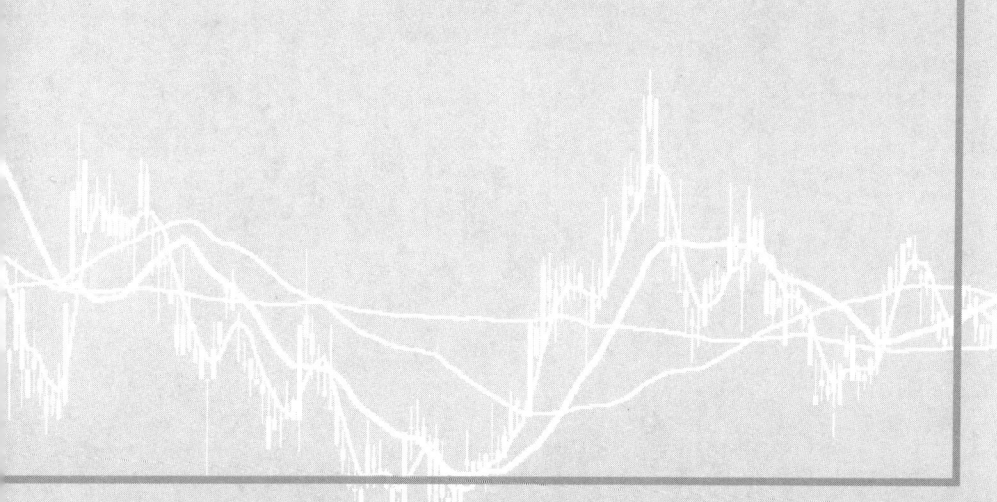

「2% 부족할 때」라는
광고 문구가 있다. 재무제표에서도
뭔가 부족하면 뒤져볼 만하다. 굵직한 항목을
세분하면서 새로운 것이 나타날 수 있다.
특히 내재가치에 영향을 줄 수 있는
요인들이 많이 숨어 있다.

좀더 자세히 알려면…부속명세서의 정의

　재무제표는 대차대조표, 손익계산서, 잉여금처분계산서, 그리고 현금흐름표로 구성된다. 여기에 주석과 주기가 더해진다. 그러나 각 계정과목에 대한 자세한 내역을 살펴보기 위해서는 주석만으로는 부족하다. 일목요연한 표가 효율적인 경우가 있다. 따라서 별도의 표를 작성해서 재무제표의 내용을 설명하는 수가 있다.
　이것이 바로 **부속명세서**다.
　부속명세서는 재무제표의 개별항목에 대해 회계년도 중의 변동내역이나 그 구성요소들을 설명해주는 명세서다.
　앞에서 열거한 기본재무제표로는 회사 전반의 재무상태와 경영성과 등을 나타낸다. 기본재무제표에 각 계정과목의 부분적 내용을 주석이나 주기의 방법으로 부기하는 것은 효율적이지 못하다. 주석이나 주기가 너무 많으면 회사의 전체적인 재무내용을 일목요연하게 보지 못할 수도 있다. 또 주석과 주기로는 적절하게 표시할 수 없는 경우도 있다. 한 자리에서 숲과 나무를 모두 잘 보기는 어려운 법이다. 명세서를 작성하는 것은 숲 따로 나무 따로 보는 방법이다. 따라서 오히려 효율적일 수도 있다.
　우리 기업회계기준에서는 부속명세서를 두 가지로 나누고 있다. 먼저 작성이 의무화되어 있는 **필수적 부속명세서**가 있다. 물론 해당 사항이 있을 때만 작성이 의무화된다. 양식도 기업회계기준에서 정하고 있다.

그 밖에는 **선택적 부속명세서**가 있다. 이는 명세서의 종류로 열거하고는 있지만 작성 방법은 정하고 있지 않는 명세서다. 결국 작성을 하지 않아도 되는 명세서다. 서식도 회사의 형편에 맞게 적당하게 작성하면 된다. 따라서 이는 상대적으로 중요도가 떨어지는 명세서라고 할 수 있다.

이러한 명세서는 그 작성만이 의무화되어 있다. 공시까지는 의무화되어 있지 않다. 제조업에 있어 제조원가명세서와 같은 부속명세서는 기업의 비밀에 속하는 사항이기 때문이다. 다시 말해 이는 부속명세서의 공시에 따라 생겨날지도 모를 경영정보 유출을 방지하기 위한 조치다. 이 부분은 주주와 같은 투자자에 대한 정보 공개의 필요성과 적절한 조화가 요구되는 대목이다.

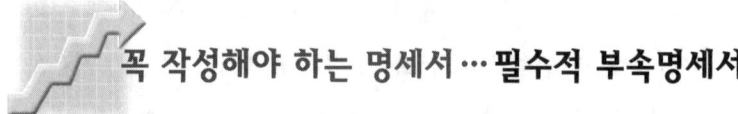

꼭 작성해야 하는 명세서 … 필수적 부속명세서

필수적 부속명세서에는 모두 열여덟 가지가 규정되어 있다.

유가증권명세서는 주식과 채권을 나누고, 채권에 대해서는 공사채, 국채, 지방채 등으로 구분해 보유 내역을 기재하도록 하고 있다.

투자자산에 속하는 유가증권은 따로 명세서를 만든다. 여기에는 투자유가증권에 속하지 않는 유가증권만을 대상으로 한다. 주식에 대해서는 1주의 금액, 주식수, 취득원가, 평가 등에 따라 가액이 달라졌다면, 대차대조표 가액과 평가손익까지 기재하도록 하고 있다. 채권은 액면가와 취득원가, 평가손익 등을 표시한다.

투자유가증권명세서는 지분법의 적용을 받는 투자주식과 그렇지 않은 주식을 각각 나누어 작성한다. 따라서 주식과 사채, 상장 여부 등을 구분해야 한다. 그리고 회계년도 초의 보유현황에서 회기 중의 증가·감소 현황을 각각 표시한다. 회계년도 말 잔액을 표시하여 그 주식수, 금액, 평가손익 등의 내역을 상세히 종목별로 나타내도록 하고 있다.

특수관계자 간의 채권·채무명세서에는 특수관계자에게 빌려준 채권과 특수관계자에게 갚아야 할 채무를 각각 기재해야 한다. 아울러 특수관계자의 이름과 회계년도 초의 금액, 당기 증가·감소액, 회계년도 말 잔액을 표시해야 한다.

재고자산명세서에는 상품·제품·반제품·재공품·원재료·저장품 등의 순서에 따라 종류별로 기재한다. 또한 기초재고액, 당기증가액, 출고액, 평가손실, 기말잔액 등을 기재하도록 되어 있다.

투자부동산명세서는 투자 목적이나 비영업용으로 소유하는 토지와 건물 및 기타 부동산을 기재한다. 비영업용 부동산이라 함은 그 회사의 정관에서 정한 사업목적에 직접 사용하지 않는 부동산을 말한다. 이 또한 종류별로 열거하고 기조금액, 기중 변경액, 기말잔액을 기재한다. 그리고 처분한 경우는 처분가액과 처분에 따르는 손익을 표시하도록 하고 있다. 화재나 천재지변 등 돈을 받고 처분한 것이 아닌 경우에는 사유를 기재하고 처분손실로 표시하지는 않는다.

유형자산명세서와 **무형자산명세서**는 대차대조표에 기재한 과목별로 구분해 기재한다. 기초잔액, 당기 증가 및 감소액, 기말잔액, 감가상각누계액과 미상각잔액도 표시한다.

차입금도 **단기차입금**과 **장기차입금**으로 나누어 명세서를 작성한다. 이는 특수관계자가 아닌 곳에서 빌린 내용에 대한 명세다.

단기차입금에 대해서는 차입처와 종류, 금액, 이자율을 기재한다.

장기차입금에 대해서는 그 밖에 기초잔액, 당기 증감 변동내역, 기말잔액과 상환 일정까지 표시해야 한다.

사채명세서는 과목별·발행일자별로 구분한다. 그리고 발행총액, 상환액, 미상환잔액 등을 표시한다.

여기에 추가해서 이자율과 보증기관 또는 담보내역과 상환기한까지 기재해야 한다.

채무보증명세서는 회사가 부담한 채무에 대해 금융기관 등으로부터 받은 보증내역을 밝히는 명세서다.

채무보증내역은 회사별, 금융기관별, 약정건별로 기재한다. 외화채무보증 내역은 원화로 환산해 표시한다.

약정일자, 보증기간, 기초잔액과 당기 증감내역, 기말잔액을 구분해 기재하도록 하고 있다.

충당금명세서에는 전기 말과 당기 말의 대차대조표에 계상된 충당금을 각 과목별로 구분해 기재해야 한다. 이 명세서에도 기초잔액과 당기 증감 내역, 기말잔액을 표시해 변동내역을 한눈에 알 수 있게 한다.

제조원가명세서는 과거에는 작성뿐 아니라 공시까지 의무화되어 있었으나, 영업비밀 유지를 위해 공시의무는 면제되었다. 재료비, 노무비, 경비 등으로 원가구성요소를 구분해 작성하도록 하고 있다.

매출액명세서에는 상품·제품·반제품과 용역 등을 구분해 총매출액과 매출에누리, 환입 등의 내역을 기재해야 한다.

매출원가명세서는 기초재고액에 당기상품매입액과 당기상품제조원가를 더하고, 기말재고액과 용역원가 등을 차감해 당기매출원가를 산출하도록 구성되어 있다. 각 단계별로 상품·제품·반제품 등으로 구분한다.

판매비와 관리비명세서에는 이른바 판관비 내역을 기재한다. 이는 회사의 손익계산서에 판관비 내역을 기재하지 않고 총액만을 표시한 경우 작성된다.

감가상각비명세서는 유형자산 및 무형자산의 감가상각비 등에 대해 대차대조표에 기재된 과목별로 구분해 기재한다. 그리고 정액법·정률법·생산량비례법 등 상각방법을 기재해야 한다. 그 밖에 당기에 변경된 내용을 기재한다.

잉여금명세서에는 자본잉여금과 이익잉여금을 구분해 당기에 변동된 내역을 표시한다.

필요하면 만드는 명세서 … 임의적 부속명세서

이상의 필수적 부속명세서 이외에 회사가 임의로 작성할 수 있는 명세서에는 현금 및 현금등가물명세서, 매출채권명세서, 대여금명세서, 기타의 당좌자산명세서, 투자자산명세서, 투자자산처분명세서, 유형자산처분명세서, 매입채무명세서, 수선비명세서 등이 있다.

그 양식과 작성 방법에 대해서는 회사의 자율에 맡겨져 있다.

제11장 내재가치 분석

내재가치는…도입

이익은 짭짤한가…수익성 분석

잘 크나…성장성 분석

튼튼한가…안정성 분석

왕성하게 움직이나…활동성 분석

들어간 것보다 많이 나오나…생산성 분석

내재가치 분석의 활용과 한계

내재가치는 쉽게
찾아지지 않는다. 그러나 최소한
남들만큼은 알아야 한다. 기본적인 분석의
틀만 잡아도 주식투자에서 절반은 성공이다.
경제상황에 따라 떠오르는 가치가 있다.
이를 위해서는 적어도 기본은
알아야 한다.

내재가치는 … 도입

　기업의 가치를 파악하기 위해서는 재무제표를 다각도로 분석해야 한다.
　기업은 경제적 행위와 그 결과를 대차대조표, 손익계산서, 이익잉여금처분계산서, 현금흐름표 등 재무제표를 작성해 발표하고 있다.
　재무제표는 흔히 기업의 건강기록부라고 한다. 따라서 재무제표 분석은 인체의 건강 상태를 알기 위해 키, 몸무게, 혈압, 맥박, 심전도 등 신체검사를 하는 것과 마찬가지다.
　그런데 기업가치는 이용자에 따라 보는 관점이 달라진다.
　예를 들어 채권자는 미래의 원리금 지불능력을 중시한다.
　반면에 주식투자자는 수익성에 좀더 높은 관심을 보인다. 세금을 거두려는 국세청으로서는 자산가치에 중점을 둔다.
　경영자는 높은 주가를 의미하는 주주가치를 높이기 위해 많은 노력을 한다.
　일반적으로 기업을 둘러싸고 있는 이해관계자들이 보는 기업가치는 크게 수익성, 성장성, 안정성, 활동성, 생산성 등으로 구분된다.
　수익성은 「기업이 이익을 얼마만큼 달성하는가」하는 정도를 말한다. 다시 말하면 이익 창출능력을 말한다.
　성장성은 「과거와 비교해 얼마나 컸는지」를 알아보는 척도다. 즉 외형 및 수익의 성장 속도를 나타낸다.

안정성은 기업지급능력의 가늠자가 된다. 이를 통해 장·단기적으로 계속 기업으로 존속할 수 있는 지를 알 수 있다.

활동성은 자산의 효율적 이용정도를 나타낸다. 즉 자원의 효율적인 이용여부를 나타낸다.

생산성은 투하자본에 대한 산출력을 말한다. 이로써 인적·물적 자원의 능률을 판단할 수 있다.

주식투자자 입장에서는 기업가치와 주가를 연결시켜야 한다. 따라서 이들의 관심은 주당 가치에 쏠린다. 특히 주가와 비교해 적정수준 여부를 파악하려 한다. 그런가 하면 다른 기업의 주가와 비교를 하기도 한다.

기업은 아울러 설립, 성장, 정체, 쇠퇴, 소멸이라는 과정을 겪는다. 각 과정에서 매출, 수익, 자본 등에서 변화가 일어난다.

예를 들면 성장기에는 설비투자가 많이 이루어진다. 따라서 자본이 크게 늘어난다. 그 중에서도 주로 부채가 많이 증가한다.

따라서 지급이자 부담으로 수익이 상대적으로 적어지게 된다.

기업활동이 본격화된 후에는 성숙과정에 들어간다. 절대적인 규모의 이익은 그런대로 유지된다. 그러나 이는 적극적인 영업활동에 따른 이익창출이 아니다. 단지 성장과정의 연장선상에서 나오는 이익일 뿐이다.

기업의 내부 유보금이 늘어나면서 자기자본이 증가한다. 그러나 성장성은 한계를 드러낸다.

결국 쇠퇴기에는 매출이 감소한다. 비용은 그대로 유지되면서 이익이 줄어드는 것이다. 특히 영업과 관계없는 부채가 늘어나는 경향이 있다.

따라서 기업 가치를 분석할 때 기업의 라이프사이클이 어떤지를 염두에 둘 필요가 있다.

기업분석은 재무제표상에 나타나는 하나의 지표만으로 이루어지지 않는다. 즉 기간비교와 더불어 상호비교를 해야 한다. 과거에 비해 어떤 변화가 있는지를 가늠해 보는 것이 기간비교다. 이는 **수평적 분석**이라고도 한다.

수평적 분석이 여러 기간을 대상으로 하는 추세 분석인데 반해 **수직적 분석**은 한 회계기간 동안의 분석을 말한다. 수직적 분석은 구성비율을 이용한 분석을 뜻한다.

반면에 **상호비교**는 다른 기업과의 비교를 말한다. 경쟁기업이나 동종업체 또는 산업 전체와 비교해 우위를 갖는지를 점검해 보는 것이다. 추세를 벗어나거나 상호비교한 결과가 차이가 날 때는 좀더 세밀한 분석이 요구된다.

기업가치는 절대적인 기준과 상대적인 기준으로 구분될 수 있다. 절대적인 기준은 단순히 금액으로 표기된다. 몇억 원, 몇천만 원 등이 좋은 예가 된다. 그러나 이러한 기준은 비교 가능성을 낮춘다. 기업 규모에 따라 절대금액이 갖는 의미가 다르기 때문이다.

예를 들어 월 300만 원을 받는 월급쟁이의 1만 원과 50만 원을 받는 월급쟁이의 1만 원을 비교해 보자. 절대기준으로는 모두 1만 원이므로 똑같다. 그러나 월급에서 차지하는 비중을 보면 0.33%와 2%로 뚜렷한 격차를 드러낸다.

그렇다면 300만 원을 받는 월급쟁이의 1만 원은 50만 원을 받는 월급쟁이에게 얼마의 가치가 있는가? 1,650원이 된다. 50만 원을 받는 월급쟁이의 1,650원이 300만 원을 받는 월급쟁이의 1만 원과 같다는 뜻이다. 물론 상대적인 기준으로 그렇다. 상대적인 기준은 처해 있는 여건을 똑같이 놓고 비교하는 것이다.

어느 기업의 주당순이익이 얼마라는 얘기는 절대적인 기준이다. 그러나 이를 주가와 비교해——예를 들어 주가를 주당순이익으로 나누는 주가수익비율(PER)——볼 때는 상대적인 기준으로 판단하는 것이다.

이익은 짭짤한가… 수익성 분석

수익은 기업의 존립목표다. 앞에서 살펴본 것처럼 이는 기업의 밑천인 자본으로 들어간다. 기업은 수익을 통해 사업을 확장할 수 있다. 다시 말해 수익은 기업의 성장 원동력이라고 할 수 있다. 수익성은 기업 경영의 총괄적인 효율성을 말한다. 또는 이익창출능력을 뜻하기도 한다.

수익성은 재무구조와 자산의 효율적인 이용에 따라 달라지기도 한다. 재무구조는 부채가 많고 적음을 말한다. 따라서 부채로 인한 이자부담이 수익성을 약화시킨다. 자산의 효율성은 수익성이 높은 부문에 투자를 집중했다는 해석을 가능하게 한다.

　손익계산서상의 수익——매출총이익, 영업이익, 경상이익, 당기순이익——등이 분석대상이 된다. 매출활동의 성과를 측정하려면 매출총이익이 근간이 된다. 영업활동의 성과는 영업이익으로 수익성을 측정할 수 있다. 물론 기업활동의 최종 결과는 당기순이익으로 보는 수익성이다.

　절대적인 기준은 금액이다. 그러나 다른 기업과 비교 가능성을 높이기 위해서는 상대적인 기준을 많이 이용한다.

　얼마나 팔아서 얼마를 벌었는지는 매출액이 기준이 된다. 다시 말해 이익을 매출액으로 나눠 백분율한다. 이로써 투하자본의 대한 수익률도 구할 수 있다.

　이는 총자본(부채+자기자본)이나 자기자본의 기준이 된다. 수익성은 일반적으로 높을수록 좋다. 그만큼 수익이 많다는 뜻이 되기 때문이다.

　수익이 많은 만큼 주주에 대한 배당도 많아진다. 즉 주가 상승 요인이 되는 것이다. 투자자들의 관심이 높아지게 된다. 다시 말해 기업에 대해 투자를 늘린다는 얘기가 된다. 아울러 수익성이 높으면 지불능력도 커진다. 또 대외신용이 높아진다. 따라서 금융기관에서 비교적 저렴하게 자금을 조달할 수 있게 된다.

매출액이익률

$$매출액이익률 = \frac{매출총이익}{매출액} \times 100$$

기업의 매출활동의 수익성 비율이다. 또 매출액 1원당 제품이나 용역의 이익비율이다.

이 비율이 클수록 생산활동이 효율적이라고 할 수 있다. 아울러 제조원가와 같은 매출원가를 크게 절감했다고 할 수 있다.

그러나 기업의 고객 입장에서는 매출가격이 너무 높다는 지적을 받게 된다.

결과적으로 말하면, 돈(이익)만 추구하는 기업이라는 좋지 않은 이미지를 주게 된다.

도소매업과 같이 고정자산투자가 비교적 적은 업종에서는 기준비율이 보다 낮으며 제조업의 경우는 보다 높은 비율이 요구되고 있다.

매출액이익률 (단위:%)

구분	연도	1996	1997	1998	1999	2000
상장회사	제 조 업	19.20	21.49	19.99	21.13	21.33
	비제조업	9.05	9.84	8.74	14.40	15.55

매출액영업이익률

$$매출액영업이익률 = \frac{영업이익}{매출액} \times 100$$

기업의 주된 영업활동에 따른 경영성과를 판단하기 위한 지표다. 제조 및 판매활동과 직접 관계가 없는 영업외손익을 제외한 순수한 영업이익만을 매출액과 대비한 것이다. 판매 마진을 나타낸다고 볼 수 있다. 따라서 기업의 주된 영업활동에 대한 수익성을 말한다.

영업이익은 매출총이익에서 판매관리비를 제한 금액이다.

매출액 영업이익률은 기업의 영업활동의 효율성을 나타내고 있기 때문에 이 비율이 높을수록 기업의 영업활동이 좋다고 할 수 있다.

매출액영업이익률 (단위:%)

구분		연도	1996	1997	1998	1999	2000
상장회사	제조업		7.43	10.19	9.03	9.26	9.86
	비제조업		3.73	3.58	3.45	3.69	5.12
	금융업		3.83	-3.23	-11.86	-2.76	-8.25
코스닥			-	-	-9.71	3.31	6.01

매출액경상이익률

$$매출액경상이익률 = \frac{경상이익}{매출액} \times 100$$

경상적인 기업활동의 수익률을 말한다.

경상이익은 영업이익에서 영업외수지를 감안한 금액이다. 이는 영업이익(영업수익 – 영업비용)에다 영업외수익을 더하고 영업외비용을 뺀 것이다. 따라서 이자 등 금융비용을 충분히 보상하고 있는지를 간접적으로 파악할 수 있다.

환율 격변기에는 환율변화에 적극적으로 대응하고 있는지도 어느 정도 가늠해 볼 수 있다. 이 비율 또한 높을수록 기업의 경상적인 활동이 좋다고 할 수 있다.

매출액경상이익률 (단위:%)

구분		연도	1996	1997	1998	1999	2000
상장회사	제조업		1.28	0.08	1.71	7.48	5.11
	비제조업		0.93	0.17	0.61	2.29	2.48
	금융업		4.36	−7.77	−22.38	−11.46	−9.51
코스닥			−	−	−17.53	1.52	2.07

* 금융업은 은행업 영업수익경상이익률 기준

매출액순이익률

$$매출액순이익률 = \frac{당기순이익}{매출액} \times 100$$

기업의 모든 경영 활동의 효율성을 말한다.

매출액순이익률은 쉽게 말하면 얼마나 팔아서 얼마나 벌었는지를 의미한다.

이는 기업활동의 최종적인 경영 성과를 측정하는 척도다.

당기순이익은 특별손익을 포함한 기업의 모든 비용이 감안된 기업 경영활동의 최종 결과이기 때문이다.

이 비율이 20%라면 100원어치 팔아 20원을 벌었다는 의미다. 당연히 이 비율이 높을수록 좋은 회사다.

구분	연도	1996	1997	1998	1999	2000
상장회사	제조업	0.79	−0.21	0.97	5.55	3.40
	비제조업	0.79	−0.21	0.97	5.55	3.40
	금융업	3.35	−8.11	−22.48	−11.99	−4.99
코스닥		−	−	−19.05	1.63	1.70

매출액순이익률 (단위:%)

* 금융업은 은행업 영업수익경상이익률 기준

총자본경상이익률

$$총자본경상이익률 = \frac{경상이익}{매출액} \times 100$$

이는 기업에 투하운용된 총자본이 어느 정도 수익을 올렸는지를 나타내는 지표로서 수익성 분석의 대표적 비율이다.

총자본은 넓은 의미의 자본으로 자기자본에 타인자본을 합한 금액이다. 다시 말하면 대차대조표의 자산총계다.

따라서 총자산경상이익률이라고도 한다. 이는 투하자본에 대해 경상이익이 얼마인지를 나타낸다. 아울러 자산의 효율적 운용의 정도를 말해주는 수익성 비율이다. 이 비율이 높을수록 경영자가 자산을 적절하게 잘 운용하고 있다는 얘기가 된다.

총자본경상이익률 (단위:%)

구분	연도	1996	1997	1998	1999	2000
상장회사	제조업	1.10	0.06	1.25	5.70	1.46
	비제조업	1.26	0.22	0.80	2.46	2.75
	금융업	0.23	-0.80	-2.80	-1.24	-1.02
코스닥		-	-	-7.13	1.26	1.14

*금융업은 은행업 기준

총자본순이익률

$$총자본순이익률 = \frac{당기순이익}{총자본} \times 100$$

총자본은 주주와 채권자의 몫이라고 할 수 있다. 따라서 이 비율은 채권자와 주주가 투하한 자본에 대한 이익이 된다. 투자수익률로 투하자본의 효율성을 측정한다.

이는 영어로 「ROI(Return on Investment)」라고 한다.

이를 가지고 수익에 비해 총자본이 많고 적음을 판가름해 볼 수도 있다. 아울러 이 비율은 과잉 투자 여부를 알 수 있게 한다. 즉 이익에 비해 자금이 많이 투하됐는지를 가늠해 볼 수 있다.

총자본순이익률은 적어도 금리 수준을 웃돌아야 한다. 그래야만 금리를 감안한 실질 수익률이 플러스의 수치로 나오기 때문이다. 이

총자본순이익률 (단위:%)

구분		연도	1996	1997	1998	1999	2000
상장회사	제조업		0.68	−0.17	0.71	4.22	2.97
	비제조업		0.81	−0.05	0.47	2.93	1.74
	금융업		0.26	−0.84	−2.81	−1.30	−0.53
코스닥			−	−	−8.90	1.21	0.27

*금융업은 은행업 기준

는 자산을 현금으로 보고, 이를 채권에 투자했다는 기회비용을 감안한다는 뜻이다.

즉 총자본순이익률에서 금리를 뺀 수치가 마이너스라면 자본 효율성이 형편없다는 말이다. 기업에 투자된 총자본(부채+자본)을 채권에 투자해서 더 높은 수익을 얻을 수 있기 때문이다.

당기순이익은 총자본을 구성하는 부채의 이자비용을 반영한 결과다. 따라서 순수한 경영효율성을 따져보기 위해서는 당기순이익 대신 이자비용차감전당기순이익을 이용하기도 한다.

이자비용차감전당기순이익은 당기순이익에 이자비용을 더하면 된다. 그런데 이자비용은 법인세를 산정할 때 수익의 차감요인만큼 이를 환원시킬 필요가 있다.

이를 위해서는 1에서 법인세율을 차감한 수치를 이자비용에 곱하면 된다. 다시 말해 순수한 ROI를 구하려면 다음과 같이 계산하면 된다.

$$순수ROI = \frac{당기순이익 + 이자비용(1-법인세율)}{총자본} \times 100$$

자기자본경상이익률

$$자기자본경상이익률 = \frac{경상이익}{자기자본} \times 100$$

자기자본경상이익률이란 자기자본에 대한 경상이익의 비율로서 출자자 또는 투자자들이 투하자본에 대한 수익성을 측정하는 데 중요한 지료로 이용된다.

이는 자기자본의 경영성과를 보여준다.

자기자본은 총자본에서 부채를 제외한 부분이다. 따라서 주주들의 이익률이라고 할 수 있다.

흔히 영어로 「ROE(Return On Stockholder's Equity)」라고 한다. 이는 특별수지가 감안되지 않은 만큼 기업 활동의 효율성을 나타낸다.

자기자본경상이익률 (단위:%)

구분	연도	1996	1997	1998	1999	2000
상장회사	제조업	3.82	0.25	4.41	15.11	10.24
	비제조업	4.65	0.91	3.28	6.96	6.53
	금융업	6.16	-17.87	-76.32	-28.75	-22.08
코스닥		-	-	-28.47	3.23	2.54

*금융업은 은행업 기준

자기자본순이익률

$$자기자본순이익률 = \frac{당기순이익}{자기자본} \times 100$$

당기순이익을 자기자본으로 나눈 것이며 투자된 자기자본의 효율적 이용도를 측정한다.

자기자본은 자본에 잉여금을 합한 금액이다. 이는 주주의 몫이다. 따라서 자기자본순이익률은 주주가 투하한 자본의 효율성을 나타낸다. 최근 경영 관점이 주주가치 우선 중심으로 변화하면서 이 비율의 중요성이 커지고 있다. 자산에서 부채를 제외하면 자기자본이 나온다. 다시 말해 기업의 청산가치라고 하기도 하고 기업의 장부가치라고도 한다.

자기자본순이익률은 순이익을 자기자본으로 나눠 산출한다. 당연히 이 비율이 높을수록 내재가치가 높다고 할 수 있다. 자기자본이 주주들의 몫인 만큼 주주들의 수익이 높아졌다고 할 수 있다.

자기자본순이익률은 자기자본경상이익률과 함께 ROE라고 한다. 그런데 흔히 ROE라고 하면 자기자본순이익률을 말한다. 가치주를 선호하는 워렌 버핏(Warren Buffet)과 같은 유명 펀드 매니저들이 아주 중요시하는 지표다. 특히 채권형 성격을 갖고 있는 우선주 투자자보다는 보통주 투자자들이 선호하고 있다. 여기서 중요한 것은 보통주 투자자 입장에서 ROE 계산 방식이 달라진다는 점이다. 당기순이익에서 우선주의 배당을 제외하고 ROE를 구하는 것이다.

ROE를 산출하는 식은 다음과 같이 세 가지 비율로 변화시킬 수 있다.

$$자기자본순이익률 = \frac{순이익}{자기자본} \times 100$$

$$= \frac{순이익}{매출액} \times \frac{매출액}{총자산} \times \frac{자산}{자기자본} \times 100$$

$$= 매출액순이익률 \times 총자산회전율 \times (1+부채비율)$$

이러한 변화는 자기자본순이익률에 어떤 요인들이 영향을 주는 지를 알려준다. 매출액순이익률은 경영의 효율성을 나타낸다. 총자산회전율은 자산의 과잉투자 여부를 확인시켜준다. 부채비율은 재무구조를 말한다. 이들 비율은 뒤에서 나온다. ROE를 중시하는 전문가들이 많아 주가관련비율에서 다시 한번 설명한다.

자기자본순이익률 (단위:%)

구분		연도	1996	1997	1998	1999	2000
상장회사		제조업	2.36	−0.65	2.50	11.20	6.82
		비제조업	3.00	−0.20	1.93	5.45	4.14
		금융업	4.74	−18.66	−76.66	−30.08	−11.59
코스닥			−	−	−35.53	3.09	0.61

*금융업은 은행업 기준

재무레버러지효과(Financial Leverage Effect)

기업 부채에 대해 많은 사람들은 매우 부정적인 견해를 갖고 있다. 정부에서 적정한(?) 부채비율을 정해놓고 기업들에게 이에 맞추라고 할 정도다. 그러나 이는 부채가 너무 많기 때문이다. 기업이 적절한 규모의 부채를 가지면 ROE는 크게 증가한다. 이를 재무레버러지효과라고 한다.

예를 들어 설명해 보자.

당기순이익이 각각 1,000만 원인 A와 B라는 회사가 있다. 총자산은 각각 1억 원으로 A와 B 모두 같다. 그러나 A의 총자산은 자기자본 5,000만 원과 부채 5,000만 원으로 구성되어 있다. 반면에 B는 자본이 1억원으로 부채는 없다.

총자본이익률을 구하면 A와 B 모두 10%(당기순이익 1,000만 원/총자본 1억 원 × 100)로 동일하다. 그렇다면 자기자본이익률을 구해보자. A는 20%(당기순이익 1,000만 원/자기자본 5,000 × 100)다. 반면에 B는 10%(당기순이익 1,000만 원/자기자본 1억 원 × 100)으로 총자본수익률과 같다. 따라서 A의 자기자본수익률이 B보다 높다.

두 회사의 차이는 부채다. 이처럼 부채조달에 따라 자기자본수익률이 총자본수익률보다 빨리 상승하는 효과를 재무레버러지효과라고 한다. 주주입장에서도 부채가 덮어놓고 나쁘다는 것은 아니라는 말이다. 이자 비용만 충분히 보상할 수 있으면 부채는 주주의 수익성을 높인다.

이익 구분에 따라 비율의 차이가 심할 때는 좀더 세밀하게 살펴볼 필요가 있다. 매출액경상이익률이 매출액영업이익률보다 높은 기업이 있다고 하자.

이는 영업외수지에서 이익을 올렸다는 뜻이다. 어떤 영업외수익이 경상이익을 높였는지를 파악해야 한다. 아울러 이러한 상황이 추세적인지 아니면 일시적인지도 조사해야 한다. 유가증권, 외화, 유형자산 등의 가치 변화가 영업외수지에 큰 영향을 주는 자산이다. 따라서 이들 자산의 변화를 면밀히 조사해 볼 필요가 있다.

특히 환율이나 주가 변화에 따른 수지는 반대로 될 수 있는 상황도 염두에 두어야 한다.

예를 들어 관계회사 이익을 지분법에 따라 처리해 경상이익이 좋아졌다면 주식 시장 추이도 점검해 볼 필요가 있다. 주가 상황에 따라 평가이익이 평가손실로 바뀔 수가 있기 때문이다.

잘 크나… 성장성 분석

성장성은 기업이 얼마나 발전하고 있는지를 말해준다. 이는 외형과 수익력의 증가 여부로 판단한다.

이는 또 증가율과 같은 말이다.

하나의 기업이 계속 존속하려면 성장이 절대적으로 요구된다. 자산의 성장을 알아보기 위해 자산, 유형자산, 자기자본 등의 증감 여부를 파악한다.

자산의 재원이 되는 부채와 자본의 증감을 동시에 살펴야 한다. 수익의 성장 여부를 판단하기 위해서는 매출액, 영업이익, 경상이익, 당기순이익 등의 변화를 살피면 된다.

성장성은 주로 1년 전 수치와 비교해 산출된다. 금년도 수치에서 전년도 수치를 뺀 증가분을 전년도 수치로 나눠 백분율하면 된다. 쉽게 이야기하면 이는 변동률이 된다.

성장률은 금년도 수치를 전년도 수치로 나눠 1을 뺀 수에 100을 곱해도 된다.

성장성을 분석하는 데 있어 감안해야 할 요인이 하나 있다. 즉 인플레이션이다. 물가 상승은 제품가격이 올랐다는 뜻이다. 매출액증가율이 적어도 물가 상승률을 웃돌아야 실질적으로 성장했다고 할 수 있다.

예를 들어보자. 어느 기업의 매출이 전년도에 비해 10% 성장했다. 그런데 물가 상승률은 15%를 웃돌았다. 명목적으로 이 기업은 한 해 동안 10% 성장했다. 그러나 물가 상승률을 감안한 실질성장률은 오히려 마이너스 5%가 된다.

경기가 회복세에서 성장가도를 구가할 때 주식 시장에는 「성장성」이라는 테마가 자리한다. 경기의 성장 국면에서는 모든 기업의 실적이 좋아진다. 따라서 좀더 빨리 성장하는 기업으로 매기가 몰리는 것은 당연하다.

1990년 대 IT(정보통신)라는 기술주 붐이 대표적인 사례다. 이 때 기업들은 무엇보다도 매출성장에 초점을 맞췄다. 당시 이런 이야기가 나돌았다.

어느 종목의 주가가 급등세를 보였다. 왜 오르냐고 묻는 투자자의 질문에 전문가라는 사람의 대답이 걸작(?)이었다.

「인터넷 주니까….」

이 무렵 수익은 관심 밖이었다. 단지 성장이라는 개념만이 주식 시장을 지배했다. 적자 행진이 이어지거나 아주 저조한 수익에도 주가는 천정부지로 뛰어올랐다. 저금리에 따른 풍부한 유동성이 주가 급등을 뒷받침해주었다. 그러나 수익이 수반되지 않는 매출 증가는 허상이라는 인식이 확산되자 주가는 결국 털썩 주저앉았다.

총자산증가율

$$총자산증가율 = \left(\frac{당기말총자산}{전기말총자산} - 1\right) \times 100$$

기업 재산이 얼마나 늘었는지를 나타낸다. 따라서 금리 수준이상의 증가율을 보이면 좋다. 총자산은 부채와 자본의 합계다. 이상적인 총자산의 성장은 자본, 그 중에서도 이익 증가에서 비롯되는 것이 합리적이다. 총자산이 늘었다 하더라도 주의해서 살펴볼 점이 있다. 즉 부채가 늘면서 총자산이 늘어났다면 주의 깊게 살펴보아야 한다.

반면에 총자산이 줄었다 하더라도 부채 감소에서 비롯되었다면 일단 호의적으로 볼 수 있다. 앞으로 이자 부담이 줄어든다는 뜻이 되기 때문이다. 가장 우려되는 것은 자본 감소로 인해 총자산이 줄어드는 경우다. 즉 결손으로 자본이 줄었다는 것이다. 따라서 총자산 증가율에 이어 자기자본 증가율을 살펴볼 필요가 있다.

총자산증가율 (단위:%)

구분	연도	1996	1997	1998	1999	2000
상장회사	제조업	16.33	27.93	10.33	10.17	3.21
	비제조업	20.18	29.68	10.17	20.03	3.54
	금융업	13.20	24.62	41.74	1.17	15.18

* 금융업은 은행업 기준

자기자본증가율

$$자기자본증가율 = \left(\frac{당기말자기자산}{전기말총자산} - 1 \right) \times 100$$

자기자본은 주주의 몫이다. 따라서 세밀하게 점검할 필요가 있다. 자기자본은 자본과 잉여금으로 구분된다. 따라서 자기자본 증가가 증자 또는 잉여금에서 비롯되었는지를 파악해야 한다.

단순한 증자에 따라 자기자본이 늘어났다면 자기자본수익률을 조사해야 한다. 자본이 늘어난 만큼 수익이 증가하는지를 살필 필요가 있다는 뜻이다.

잉여금에 따른 자기자본 증감은 당연히 기업 실적에 영향을 받는다. 아울러 배당여부도 검토해야 한다. 주식 시장의 변동성이 큰 만큼 자본조정에 속하는 유가증권 평가손익이 자기자본에 영향을 주기도 한다.

자기자본증가율 (단위:%)

구분	연도	1996	1997	1998	1999	2000
상장회사	제 조 업	6.63	3.85	39.97	45.53	1.76
	비제조업	24.35	5.49	18.43	80.80	−3.57
	금 융 업	−0.91	−11.35	38.04	32.55	1.42

*금융업은 은행업 기준

유형자산증가율

$$\text{유형자산증가율} = \left(\frac{\text{당기말유형자산}}{\text{전기말유형자산}} - 1 \right) \times 100$$

유형자산은 형태가 있는 자산을 말한다. 기업이 영업활동을 하는데 있어서 장기간에 걸쳐 사용하기 위하여 소유하고 있는 자산이다. 한 마디로 부동산이나 기계장치처럼 덩치가 큰 것들이다.

유형자산이 급격하게 증가하게 되면 그만큼 장기간 현금을 고정적으로 묶어두게 된다.

현금 유동성과 관계가 깊은 만큼 현금흐름표와 함께 살펴볼 필요가 있다. 부채증가와 더불어 유형자산이 늘었다면 앞으로 이자부담이 가능할지를 따져보아야 한다.

물가가 오르는 인플레이션에서는 부동산 가격도 오르는 만큼 그다지 걱정은 없다. 그러나 1990년대 후반부터 시작된 일본의 디플레이션을 보면 이에 대한 전망도 해볼 필요가 있다.

유형자산증가율 (단위:%)

구분		연도	1996	1997	1998	1999	2000
상장회사	제 조 업		19.12	16.77	23.99	4.84	5.18
	비제조업		29.73	23.08	14.40	18.43	5.91

매출액증가율

$$\text{매출액증가율} = \left(\frac{\text{당기매출액}}{\text{전기매출액}} - 1 \right) \times 100$$

매출은 기업의 주된 활동 결과다. 기업은 매출을 통해 이익을 거두어들인다. 따라서 매출은 기업 성장의 원동력이라고 할 수 있다. 매출이 늘어나는 기업은 성장기업이라고 할 수 있다. 이것이 곧 기업의 성장 여부를 말할 때 흔히 매출액증가율을 꼽는 이유다.

매출 증가세가 둔화되거나 감소한다면 일단 성장기업에서 벗어나 성숙단계에 진입했다는 것을 시사한다. 따라서 일시적인 매출감소가 있을 수 있다. 그러나 추세적인 경우 얘기가 다르다. 쇠퇴단계에 들어갈 가능성이 있다. 매출이 늘어난다고 해서 반드시 이익이 나는 것은 아니다.

매출액증가율은 적어도 물가 상승률을 웃돌아야 한다. 물가 상승률이 제품가격에 반영되어야 하기 때문이다. 따라서 물가 상승률을 밑도는 매출액증가율은 의미가 없다고 할 수 있다.

매출액증가율 (단위:%)

구분		연도	1996	1997	1998	1999	2000
상장회사		제조업	11.53	13.50	6.04	11.45	20.80
		비제조업	22.37	20.45	18.76	3.45	15.10
		금융업	13.02	51.25	79.22	-7.34	6.83

* 금융업은 은행업 영업수익증가율 기준

영업이익증가율

$$영업이익증가율 = \left(\frac{당기영업이익}{전기영업이익} - 1 \right) \times 100$$

영업이익이란 영업수익과 관련비용과의 차액이다. 여기에는 소득공제 전이나 정규활동 이외의 원천비용이나 소득은 제외된다.

영업이익을 다른 말로 하면 순영업이익, 영업소득, 순영업소득이라고도 한다.

영업이익 증가율을 가지고 영업활동의 강도를 가늠해 볼 수 있다. 이 비율 감소는 기업의 한계를 드러내는 것으로 풀이해 볼 수 있다. 경상이익증가율, 당기순이익증가율 등과 비교해 함께 이용한다.

영업이익증가율 (단위:%)

구분		연도	1996	1997	1998	1999	2000
상장회사	제조업		-6.63	51.45	-7.24	-6.31	29.07
	비제조업		-0.43	19.74	21.92	-9.15	47.75
	금융업		8.28	-	-	-	-

* 금융업은 은행업 기준, 적자의 경우 산출 불가능

경상이익증가율

$$경상이익증가율 = \left(\frac{당기경상이익}{전기경상이익} - 1 \right) \times 100$$

앞에서 살펴본 것처럼 경상이익은 기업의 영업거래와 영업외거래에 따라 발생한 이익으로서 영업이익에 영업외수익을 가산하고 영업외비용을 빼 산출한다. 다만 영업외비용의 금액이 영업이익과 영업외수익의 합계액을 웃도는 경우 경상손실로 표시한다.

경상이익은 기업 전반적인 활동의 결과라 할 수 있다. 「어쩌다」 일어나는 특별손익을 감안하지 않는다. 경상이익증가율은 일반적으로 기업 이익의 성장성을 얘기할 때 자주 이용된다. 이는 특별손실이 예측불가능하기 때문이다. 급증이나 급락원인을 살펴 일시적인 현상인지를 파악하는 것도 중요하다.

경상이익증가율 (단위:%)

구분		연도	1996	1997	1998	1999	2000
상장회사		제 조 업	-45.33	-3.22	70.87	169.81	4.43
		비제조업	-21.86	-0.72	45.68	37.32	40.95
		금 융 업	-2.03	—	—	—	—

* 금융업은 은행업 기준, 적자의 경우 산출 불가능

당기순이익증가율

$$당기순이익증가율 = \left(\frac{당기순이익}{전기순이익} - 1 \right) \times 100$$

매출액증가율과 함께 성장성을 대표하는 비율이다. 당기순이익은 주주 배당의 원천이며 자본으로 편입되면서 내부 유보금으로 사용된다. 따라서 주주에게 아주 중요하다. 매출이 늘어도 순이익 증가가 뒷받침되지 않으면 의미가 없다.

당기순이익 증가는 바로 배당증가 기대로 이어진다. 주가 상승 가능성이 높아진다는 얘기가 된다.

그러나 중요한 것은 증가율 급변 원인을 분석하는 것이 중요하다. 이것은 영업이익 또는 경상이익 변화에서 찾아볼 수 있다. 물론 특별수지 영향도 점검해 보아야 한다.

당기순이익증가율 (단위:%)

구분		연도	1996	1997	1998	1999	2000
상장회사		제 조 업	-49.13	1.11	60.29	168.25	10.70
		비제조업	-21.04	8.95	35.61	43.07	37.70
		금 융 업	–	–	–	–	–

* 금융업은 은행업 기준, 적자의 경우 산출 불가능

튼튼한가 … 안정성 분석

안정성은 흔히 지급능력을 말한다. 달리 표현하면 경기변동 등 외적 환경 변화에 기업이 대응할 수 있는 능력을 측정한다. 다시 말하면 위험에 빠지지 않을 정도나 능력을 말한다. 여기서 위험은 경영을 지속할 수 없는 가능성이다. 안정성 분석을 통해 부도나 파산 등과 같은 위험 여부를 판단해 볼 수 있다.

이는 경기가 침체국면에 있을 때 주식 시장의 테마로 자리한다. 주가 상승보다는 주가를 지탱시켜주는 버팀목이 된다. 경기가 어려워지면 기업 실적도 고전을 면치 못한다. 이 때는 무엇보다도 현금지급능력이 중시된다. 금리가 급등할 때 역시 안정성에 대한 욕구가 커진다. 안정성은 지급능력 측정 외에 자본구성 및 배분의 적정성 여부를 판단할 수 있게 한다.

주식투자자 입장에서는 안정성은 방어적인 개념이다. 안정성이 수익보다는 위험을 강조하고 있기 때문이다. 주식 시장이 약세장을 면치 못할 때——경기가 좋지 않을 때——중시되는 지표다. 강세장에서는 오히려 안정성이 낮은 기업의 주가가 활발하게 움직인다. 또한 주가가 낮아 탄력성이 크다. 아울러 안정성이 높아질 여지가 있다는 점도 주가에 호의적으로 작용한다.

부채비율

$$부채비율 = \frac{부채}{자기자본} \times 100$$

부채비율은 부채가 자본의 얼마나 되는지를 보여준다. 달리 말하면 부채와 자본의 구성비율이다. 부채를 타인자본이라고 하는 만큼 이 비율은 기업의 재무구조를 한눈에 파악할 수 있게 한다. 자산 형성에 적절한 자금 조달 수단이 이용되었는지를 가늠해 볼 수 있다.

부채비율은 또 장기적인 지불 능력을 판단하게 한다. 이 비율이 100%라면 자기자본으로만 빚을 갚을 수 있다는 말이다. 부채가 자본보다 많으면 이 비율은 높아진다. 그만큼 기업 안정성이 낮아진다. 채권자의 채권이 얼마나 보호되는지를 알 수 있는 지표로 해석할 수도 있다.

부채비율을 분석할 때 절대적인 기준보다는 상대적인 기준을 적용해 볼 필요가 있다. 항공사 등과 같이 업종에 따라 부채가 많을 수밖에 없는 기업이 있기 때문이다. 따라서 업종 평균 부채비율이나 현금

부채비율 (단위:%)

구분		연도	1996	1997	1998	1999	2000
상장회사	제 조 업		262.34	329.25	218.08	134.47	131.48
	비제조업		264.24	348.68	298.77	139.64	146.05
코 스 닥			–	–	299.46	155.66	122.58

조달가능성 수익의 안정성 등을 함께 살펴보는 것이 좋다.

부채 중에서 외부에서 빌린 금액인 차입금이 총자산에 얼마나 차지하는지를 가늠하는 차입금의존도도 조사해 볼 필요가 있다. 이는 영업보다는 운전자본이나 장기 투자를 목적으로 조달한 자금이 자산에서 차지하는 비중을 말한다.

김대중 정부는 기업들의 부채비율을 200% 이하로 유지하는 정책을 펼쳤다. 부채가 자본의 두 배를 넘지 말아야 한다는 뜻이다. 다시 말하면 부채와 자본의 구성비는 2 대 1이 되는 것이 바람직하다는 것이 정부의 판단이었다. 이 비율은 다음의 자기자본비율과 연관성이 깊은 만큼 동시에 살펴보는 것이 좋다.

부채 비율을 낮추는 방법

기업은 어떤 방법으로 부채비율을 낮출 수 있을까? 먼저 부채를 줄이면 된다. 자본을 늘려도 부채비율은 떨어진다.

부채비율의 축소는 빚을 갚으면 된다. 다시 말해 현금으로 갚으면 된다. 아니면 자산 일부를 처분해 부채를 줄일 수 있다. 이 때 부채 감소는 자산 감소로 이어진다.

부채를 자본으로 전환하는 방법도 있다. 그 중 희석증권을 자본으로 바꾸는 것이 일반적인 방법이다.

이와 달리 은행권이 즐겨 쓰는 방법이 있다. **출자전환**이다. 이는 다시 말해 빌려준 돈을 주식으로 바꾸는 것을 말한다. 부채가 자본으로 변한다. 부채가 줄면서 자본이 증가한다. 자산은 변하지 않는다.

드물기는 하지만 탕감을 받는 방법이 있다. 채권자가 받을 빚을 포기하는 경우를 말한다. 이 경우 부채는 줄어든다. 이 때 탕감되는 이익은 특별이익으로 손익계산서에 반영된다. 이는 이익으로 처리되면서 이익잉여금으로 편입된다. 따라서 부채가 줄면서 자본이 늘어나게 된다.

자본을 늘리는 방법이 있다. 바로 **증자**다. 무상증자는 자본을 구성하는 자본잉여금의 항목이다. 따라서 무상증자로는 부채비율이 낮아지지 않는다. 결국 외부에서 들어와야 한다. 유상증자를 해야 한다는 말이다. 유상증자로 발행되는 신주의 발행가격은 상관없다. 외부에서 자본으로 자금이 들어오면 부채비율은 낮아진다. 이 경우 자본이 증가하면서 자산이 증가한다.

부채는 그대로 고정된다.

자기자본비율

$$자기자본비율 = \frac{총자본}{자기자본} \times 100$$

총자본은 자기자본과 타인자본(부채)을 합한 것을 말한다. 다시 말하면 자산을 말한다. 따라서 자기자본비율은 자산에서 자본금이 차지하는 비중이라고도 할 수 있다. 또 자본의 구조를 나타내는 지표로 볼 수 있다. 이는 앞의 부채비율과 연관성이 매우 높다.

자기자본비율은 기업의 라이프사이클에 따라 움직이는 경향을 보인다.

기업의 라이프사이클은 설립, 성장, 성숙, 소멸 등의 단계를 거친다. 성장기에는 투자가 왕성하게 이루어진다. 즉 자금이 많이 필요하다는 뜻이다.

증자 등을 통한 자금 마련보다는 빚을 내는 것이 투자 타이밍에 쉽게 맞출 수 있다. 이는 부채가 늘어난다는 말이다. 따라서 성장기에 자기자본 비율은 낮아진다. 그리고 이자 부담 증가로 수익성이 낮아진다.

성숙기에는 투자가 급격히 감소한다. 따라서 외부 차입이 줄어든다. 즉 자기자본비율이 높아진다는 뜻이 된다. 매출이나 수익의 성장성이 한계를 드러낸다. 소멸단계에서는 매출이 줄고 이익도 감소한다. 경비는 지속되면서 영업과 관련이 없는 부채가 늘어난다.

자기자본비율이 낮아진다. 따라서 자기자본 비율 등 재무비율을 볼 때는 기업의 라이프 사이클을 살펴볼 필요가 있다.

자기자본비율 (단위:%)

구분		연도	1996	1997	1998	1999	2000
상장회사	제조업		27.60	23.30	31.44	42.65	43.20
	비제조업		27.45	22.29	25.08	41.73	40.64
	금융업		5.32	3.79	3.69	4.83	4.25
코스닥			–	–	25.03	39.11	44.93

유동비율

$$유동비율 = \frac{유동자산}{유동부채} \times 100$$

유동자산은 1년 안에 현금화될 수 있는 자산을 말한다. 유동부채는 1년 안에 갚아야 하는 빚이다. 유동자산으로 유동부채를 지급할 수 있는 능력을 측정할 수 있다. 즉 1년 안에 자산으로 자금을 회수해 지급일에 빚을 갚을 수 있는 능력을 말한다. 이는 은행들이 기업에 자금을 빌려줄 때 중시하고 있다. 그래서 **은행가 비율**이라고도 한다.

유동자산이 유동부채보다 많으면 이 비율은 100%보다 커진다. 다시 말해 지급능력이 크다는 뜻이다. 우발적인 채무 등을 감안할 때 100%보다 훨씬 큰 게 좋다.

또 유동자산의 일부를 현금화하는 데 차질이 빚어질 수도 있다. 따라서 여유 있는 것이 좋다.

일반적으로 130% 정도를 적정수준으로 판단한다. 흑자를 내더라도 현금이 없으면 기업은 도산을 하게 된다. **흑자도산**이라는 말이 여기에 해당된다. 자산이 많더라도 부채를 제때 갚지 못하면 부도가 난다. 이 비율의 중요성이 여기에 있다.

유동비율을 분석할 때 유동자산을 구성하는 항목에 주의를 기울일 필요가 있다. 대표적인 유동자산은 재고자산과 매출채권이다.

재고자산은 흔히 경영자들이 분식결산을 위해 부풀리거나 과대평가하는 경우가 있다. 재고자산이 현금화될 때 장부가액에 훨씬 못미치는 경우가 있다는 뜻이다.

　매출채권 또한 재고자산과 마찬가지로 수익 조작에 자주 이용된다. 여기서 유동비율이 높다고 현금 비율이 높은 것이 아니라는 점을 알아두어야 한다. 재고자산과 매출채권이 유동자산에서 차지하는 비중이 높으면 유동비율에 대한 분석을 세밀히 할 필요가 있다.

　특이한 현상은 기업이 부도나기 직전 이 유동비율이 매우 높다는 점이다. 부도를 피하기 위해 생산에 이용되고 있는 유형자산을 처분해 현금을 많이 확보한 경우가 있기 때문이다.

유동비율 (단위:%)

구분		연도 1996	1997	1998	1999	2000
상장회사	제조업	97.43	95.97	95.34	89.97	81.29
	비제조업	102.68	95.86	108.76	95.02	78.92

당좌비율

$$당좌비율 = \frac{당좌자산}{유동부채} \times 100$$

당좌자산은 당장 현금화할 수 있는 유동자산을 말한다. 현금, 예금, 유가증권 등을 말한다. 따라서 당좌비율은 한 마디로 매일 지급할 수 있는 능력이 여기에 속한다. 이를 **산성시험비율**이라고도 한다. 유동자산에서 재고자산을 제외한 것이 바로 당좌자산이다. 재고자산을 제외하는 가장 큰 이유는 이를 매각해 현금화하는 데 시간이 걸리기 때문이다. 또 장부가격대로의 현금 유입을 기대하기가 쉽지 않기 때문이다. 따라서 당좌비율은 유동비율의 한계를 벗어나기 위해 사용된다. 당좌자산은 유동자산의 일부다. 따라서 당좌비율은 100%보다 낮아도 된다. 먼저 영업에서 매일 자금이 유입되고 있다. 아울러 유동부채 전액을 일시에 갚는 경우가 없기 때문이다. 보통 80%를 적정비율로 간주한다. 지나치게 높은 당좌비율은 현금 활용도가 그만큼 낮다는 뜻이므로 자금 운용에 문제가 있다고 할 수 있다.

당좌비율							(단위:%)
구분		연도	1996	1997	1998	1999	2000
상장회사		제조업	68.94	71.44	72.80	65.93	57.62
		비제조업	81.18	76.62	89.18	74.99	62.21

이자보상배율

$$이자보상배율 = \frac{지급이자 + 법인세비용차감전순이익}{지급이자}$$

이익이 이자의 몇 배나 되는지를 말해준다. 이자가 기업에 얼마나 부담을 주고 있는지를 판단할 수 있다. 법인세비용차감전순이익에 지급이자를 더한 이유는 이자가 당기순이익에 비용으로 이미 계산됐기 때문이다. 따라서 이자를 공제하지 않은 금액이 이자에 비해 몇 배인지를 알 수 있다.

이자보상배율은 장기 채권자에 아주 중요한 비율이다. 이익이 줄어들 때 기업이 어느 정도 지탱할 수 있는지를 가늠해주기 때문이다. 이 비율이 충분하면 이자지급 여력이 충분한 만큼 부채의 차환이나 만기 연장 가능성이 높다.

반면에 이 비율이 낮으면 채권자는 대여금을 상환받으려 한다. 그러면 기업 자금운용에 문제가 발생하게 한다. 이러한 관점에서 이자보상배율은 주식투자자에게 큰 의미를 준다고 할 수 있다. 일반적으로 금리가 떨어질 때 이 비율이 높아진다. 금리 하락으로 지급이자가 줄어들기 때문이다.

금융비용부담률

$$금융비용부담률 = \frac{순금융비용}{매출액} \times 100$$

*순금융비용 = 이자비용 − 이자수익 − 배당금수익

    기업은 경영활동을 영위하는 과정에서 내부자금 이외에 금융기관 차입금, 회사채 발행 등을 통해 자금을 조달하게 되는데, 이 때 기업은 차입금이자, 채권이자 등 금융비용을 부담하게 된다. 이와 같이 기업이 외부자금을 이용하고 그에 수반된 금융 비용을 부담하는 정도를 금융비용부담률이라고 한다. 부담률인 만큼 당연히 낮을수록 좋다. 금융비용이 적어야 이 비율이 낮아진다.

    이는 부채가 적다는 뜻이다. 이 비율은 금리 변화에 따라 변동을 한다. 특히 금리가 상승할 때 이 비율이 높아진다.

    그만큼 이익이 적어진다는 얘기가 된다. 따라서 주가에도 악영향을 주게 된다. 이와 반대로 금리가 낮아지면 이자 부담이 줄어든다.

금융비용부담률 (단위:%)

구분		연도	1996	1997	1998	1999	2000
상장회사	제조업		4.31	4.95	7.11	5.21	3.49
	비제조업		2.50	2.08	3.30	2.58	2.13

고정장기적합률

$$고정장기적합률 = \frac{고정자산}{고정자금} \times 100$$

* 고정자산 = 투자자산+유형자산+무형자산

* 고정자금 = 자본+장기차입금

   고정자산은 환금에 대한 필요성이 거의 없거나 비용으로 오랜 기간 동안 나누어 계산되는 자산을 말한다. 고정자산은 고정자금으로 이루어지는 것이 합리적인데, 고정자금이란 상환할 필요가 없는 자본이나 상환기간이 긴 장기차입금을 말한다. 이는 자금조달과 자금운용의 안정성을 동시에 평가한다. 따라서 이 비율은 낮을수록 좋다. 그렇다고 아주 낮다는 것은 장기 투자를 하지 않는다는 뜻이다. 일반적으로 고정자산 투자가 이루어지면 이 비율은 높아진다.

   이 비율이 100%를 웃돌면 그만큼의 유동자금으로 장기투자를 하고 있다는 의미가 된다. 단기 지급능력의 제한을 생각해 볼 수 있다.

고정장기적합률						(단위:%)
구분	연도	1996	1997	1998	1999	2000
상장회사	제 조 업	101.60	96.02	100.73	104.86	111.32
	비제조업	97.14	96.19	92.79	101.84	108.31

이와 반대로 100%를 밑돌면 고정자금 일부를 유동자금으로 운용하고 있다고 볼 수 있다. 성격상 이 비율이 높은 업종이 있다. 예를 들면 식품, 호텔 등이다. 그러나 이들 기업은 자금 회수 기간이 빠르기 때문에 큰 문제를 일으키지는 않는다.

매출채권 대 매입채무비율

$$\text{매출채권 대 매입채무비율} = \frac{\text{매출채권}}{\text{매입채무}} \times 100$$

영업에 관련되어 발생한 채무와 채권에 대한 비율이다. 채권에 대한 결제가 원활하면 채무에 대한 변제도 맞아들어간다. 그러나 이는 이상적이다. 따라서 이 비율은 100%를 넘는 게 좋다. 그래야만 외상매출금 등 매출채권 상환에 차질이 생겨도 채무는 제대로 갚을 여력이 있기 때문이다. 그렇다고 무조건 높다고 좋은 것은 아니다. 현금회전이 그만큼 제한되고 있기 때문이다. 조금 길게 보면 유동자산 운영에 압박을 가하게 된다.

매출채권 대 매입채무비율							(단위:%)
구분		연도	1996	1997	1998	1999	2000
상장회사	제 조 업		204.71	216.21	183.09	150.04	131.87
	비제조업		189.96	177.28	241.14	172.89	141.68

왕성하게 움직이나 … 활동성 분석

　활동성은 기업 경영이 얼마나 활발하게 움직이고 있는지의 정도를 나타낸다. 흔히 회전율이라는 말을 많이 쓴다. 경영의 주된 결과는 매출로 나타난다.

　따라서 매출액을 기준으로 자산의 효율성을 측정하는 지표라고 할 수 있다. 일반적으로 매출액을 자산의 구성항목으로 나누어 산출한다.

　따라서 활동성 비율은 대차대조표와 손익계산의 자료를 통해 함께 사용해야 한다. 기업의 활동에 대표하는 것은 매출액이며 이를 뒷받침하기 위해 투자된 구체적인 형태의 자산이 외상매출금, 재고자산, 고정자산 등이다.

　따라서 매출액과 각종 주요자산의 관계를 비율에 의해서 평가하는 것도 큰 도움이 된다. 활동성비율은 유동성비율 평가시 추가적으로 고려되는 비율로 특히 고도성장 기업의 경우 중요시 된다.

　이 비율은 높을수록 좋다. 오르락내리락 하는 것보다는 추세적으로 상승하는 것이 훨씬 낫다.

총자본회전율

$$총자본회전율 = \frac{매출액}{총자본(총자산)}$$

이는 1년 동안 매출을 올리기 위해 자산이 몇 번 회전했는지를 나타낸다. 또 이익을 얻기 위해 자산을 얼마나 효율적으로 사용했는지를 가늠해 볼 수 있다. 이 비율이 높을수록 그만큼 매출이 많다는 뜻이다. 이 비율이 낮으면 매출과 관련이 없는 자산이 많다는 뜻이다. 아울러 과다투자나 경영의 효율성이 매우 낮다는 것을 시사한다. 따라서 구조조정이 필요하다는 진단을 내려볼 수 있다. 뒤집어 보면 보유하고 있는 자산에 비해 매출이 부진했다는 의미로 풀어볼 수도 있다. 총자본을 하루 매출액으로 나누면 회전기간을 구할 수 있다. 이는 총자본이 1회전하는 데 걸리는 시간을 말한다. 회전기간이 3개월이라면 회전율은 4회가 된다. 이는 곧 매출을 올리기 위해 자산이 네 번 회전했다는 얘기다.

총자본회전율 (단위:회)

구분		연도	1996	1997	1998	1999	2000
상장회사		제 조 업	0.86	0.80	0.73	0.76	0.87
		비제조업	1.35	1.30	1.30	1.07	1.11
		금 융 업	0.08	0.09	0.12	0.11	0.10
코 스 닥			–	–	0.76	0.77	0.79

* 금융업은 은행업 기준

자기자본회전율

$$\text{자기자본회전율} = \frac{\text{매출액}}{\text{자기자본}}$$

자기자본회전율은 매출액을 자기자본으로 나눈 횟수로 측정된다. 따라서 자기자본의 이용능률을 나타내는 지표로서 타인자본회전율과 대비된다.

이를 가지고 자기자본의 효율성을 알아볼 수 있다. 이 비율이 낮으면 자기자본이 너무 많다는 것을 시사한다. 또 주주 투자금에 비해 사업이 부진하다는 얘기다.

이 비율의 적정성은 동종업체 비율을 참조하면 된다. 회전율이 낮으면 기존 사업이 한계를 드러낸 것으로 볼 수 있다. 따라서 새로운 사업의 필요성이 제기된다.

자기자본회전율 (단위:회)

구분		연도	1996	1997	1998	1999	2000
상장회사	제조업		2.99	3.11	2.57	2.02	2.01
	비제조업		4.99	5.31	5.37	3.04	2.63
	금융업		1.43	2.45	3.18	2.22	2.34
코스닥			–	–	3.03	1.96	1.76

* 금융업은 은행업 기준

고정자산회전율

$$고정자산회전율 = \frac{매출액}{고정자산}$$

고정자산은 기업에 장기적으로 체류하는 자산으로 대차대조표일 이후 1년 이내에 현금으로 실현, 판매, 소비될 수 없는 것이다. 고정자산에는 다른 기업을 지배·통제할 목적으로 투자하는 투자자산, 기업활동의 기본이 되는 유형자산, 미래 효익이 기대되는 무형자산 등이 속한다.

이 비율로 고정자산이 적정하게 투자되어 있는지를 판단할 수 있다. 이 비율이 높다면 설비가 그만큼 빨리 돌아가고 있다는 뜻이다. 따라서 감가상각을 빨리 할 필요성이 제기된다.

이와는 반대로 낮으면 쓸데없는 고정자산이 많다는 뜻이다. 그러면 자산을 줄일 필요가 있다. 아니면 공장 가동률이 떨어졌다는 얘기도 된다.

고정자산회전율 (단위:회)

구분		연도	1996	1997	1998	1999	2000
상장회사	제 조 업		1.45	1.31	1.13	1.11	1.25
	비제조업		2.35	2.19	2.11	1.49	1.43

재고자산회전율

$$\text{재고자산회전율} = \frac{\text{매출액}}{\text{재고자산}}$$

회사에 남아 있는 재고자산의 회전속도다. 이는 재고자산이 몇 번 팔렸는지를 보여준다. 재고자산이 팔리면 매출로 계산되며 현금 유입이 이루어진다. 따라서 이 비율은 유동자산이 당좌자산으로 변하는 속도로 이해할 수 있다.

재고자산비율이 높으면 재고자산이 기업에 그다지 머물지 않는다는 뜻이 된다. 너무 높으면 적정 재고수준을 재검토할 수 있게 한다. 지나치게 높을 때는 원료 등의 재고 부족으로 공정에 차질이 빚어질 수 있다.

문제는 역시 낮을 때다. 재고자산에 자금이 많이 묶이고 있음을 알 수 있다. 재고자산의 진부화와 더불어 유지비용 등이 유동자금을 압박하기도 한다.

1년 365일을 재고자산회전율로 나누면 평균 재고보유기간이 나온

재고자산회전율 (단위:회)

구분		연도	1996	1997	1998	1999	2000
상장회사		제조업	7.27	7.49	8.16	9.72	10.17
		비제조업	14.98	15.61	17.9	18.67	23.98

다. 이는 재고자산의 전체를 파는 데 걸리는 기간이다. 인터넷을 통한 정보통신의 발달은 재고자산의 회전율을 높이는 데 결정적인 역할을 하고 있다. 제품 판매상황이 인터넷으로 생산기업에 즉각 전달되어 주문에 맞춘 생산량 조절이 가능해졌다. 반면에 원재료 부품 현황은 인터넷으로 공급처에 즉각 전달되기에 창고에 이들을 쌓아둘 필요가 없어지고 있기 때문이다.

운전자본회전율

$$운전자본회전율 = \frac{매출액}{운전자본}$$

운전자본은 유동자산에서 유동부채를 제외한 부분이다.

다시 말하면 현금 자산의 회전속도를 알 수 있다. 매출이 어느 정도 빨리 현금으로 바뀌는지를 측정할 수 있다.

이 비율이 높을수록 현금 유입속도가 빠르다는 얘기다. 유동비율이나 당좌비율도 그만큼 높다고 할 수 있다.

운전자본회전율 (단위:회)

구분	연도	1996	1997	1998	1999	2000
상장회사	제조업	–	–	–	–	–
	비제조업	138.72	–	41.71	–	–

* 운전 자본이 마이너스(−)인 경우는 산출 불가

매출채권회전율

$$\text{매출채권회전율} = \frac{\text{매출액}}{\text{매출채권}}$$

매출채권은 받을어음이나 외상매출금을 말한다. 따라서 이 비율은 한 해동안 매출채권의 현금 회수 횟수를 보여준다. 이는 높을수록 좋다. 그만큼 현금 유입이 빠르다는 뜻이기 때문이다. 따라서 유동성이 그만큼 높아지게 된다. 반면에 낮으면 현금 전환이 늘어진다는 의미다. 매출채권에 그만큼 자금이 묶이기도 한다. 또 당좌자산에 부담을 준다. 현금을 받을 수 있는 가능성도 낮아진다. 대금을 받지 못할 것으로 보고 비용으로 처리해야 하는 대손상각비용이 늘어나게 된다.

이 비율을 이용해 매출채권평균회수 기간을 구할 수 있다. 즉 365일을 매출채권회전율로 나누면 된다. 매출채권평균회수기간은 판매가 이루어지면 몇 일 만에 대금이 입금되는지를 보여준다.

참고로 매출채권평균회수기간과 재고자산평균보유기간을 합하면 정상영업기간이 된다. 정상영업기간은 재고자산을 구입해 현금으로

매출채권회전율							(단위:회)
구분		연도	1996	1997	1998	1999	2000
상장회사	제조업		4.99	4.69	5.08	6.63	7.88
	비제조업		7.38	7.21	7.36	9.12	11.56

회수되는 기간을 말한다. 이 기간은 짧을수록 좋다. 길어지면 재고자산과 매출채권이 많아 현금이 그만큼 묶여 있다는 뜻이다.

들어간 것보다 많이 나오나… 생산성 분석

생산의 효율성을 나타낸다. 기업이 생산활동에 사용한 인적자원과 물적 자원의 능률과 업적을 측정할 수 있다. 주로 부가가치를 기준으로 측정한다.

부가가치는 말 그대로 기업이 덧붙인(부가) 가치를 말한다. 매출액은 기업이 만든 재화의 판매액이다. 이 재화는 원재료, 외주비, 사무용품 등 전 단계 기업이 생산한 가치에 기업의 인력, 시설, 자본이 투입되어 만들어진다. 이 제조과정에서 회사가 새로 발생시킨 가치가 바로 부가가치다. 다른 기업에 지급되는 비용은 부가가치가 아니다.

제과점의 빵을 예로 들어 보자. 밀가루 100원어치에 우유 200원, 설탕 100원을 넣어 1,000원짜리 빵을 만들었다. 이 경우 부가가치는 1,000원에서 밀가루, 우유, 설탕 값을 제한 600원이 된다. 밀가루, 우유, 설탕은 전 단계 기업이 생산한 가치다.

부가가치는 매출액에서 비부가가치를 제하면 된다. 부가가치는 계산 방법에 따라 공제법과 가산법 등 두 가지 방법으로 측정된다.

공제법은 매출액에서 원재료비, 부품구입비, 외주비 등을 뺀 부가가치로 본다. **가산법**에 의한 부가가치는 법인세비용차감전순이익에 인건비, 금융비용, 임차료, 감가상각비, 조세공과금 등을 더해 산출된다. 부가가치는 생산에 노동과 자산이 투하되어 산출된 가치다. 따라서 부가가치를 종업원수(인적 자원)나 자산 등과 비교해 생산성을 산출할 수 있다.

여기서는 주요 생산성 지표만 살펴보자.

부가가치율

$$부가가치율 = \frac{부가가치}{매출액} \times 100$$

기업 창조가치의 크기를 말한다. 부가가치가 높아야 이 비율이 커진다. 다시 말하면 이 비율이 높을수록 좋은 기업이라는 뜻이 된다. 임금 배당, 내부 유보 등이 좋다는 말이다. 부가가치율이 높을수록 구조적 불황에 대한 저항력도 크다. 전반적으로 기업이 높은 임금을 지불하면서 안정적인 성장을 하기 위해서는 부가가치율을 극대화해야 한다.

이 비율을 소득율이라고도 한다.

따라서 이는 매출액 중 생산활동에 참여한 생산요소에 귀속되는 소득의 비율을 나타내는 지표라고도 할 수 있다.

노동생산성

$$\text{노동생산성} = \frac{\text{부가가치}}{\text{종업원수}}$$

종업원 1인당 부가가치를 말한다. 임금의 적정성 여부와 종업원수의 과다 정도를 파악할 수 있다.

노동생산성은 한 나라의 국제 경쟁력을 비교하는 데 중요한 잣대가 되며, 노동의 기여도, 생산효율, 기술수준, 성과배분의 기준이 되기도 한다.

자본생산성

$$\text{자본생산성} = \frac{\text{부가가치}}{\text{총자본}}$$

투하자본의 운영결과를 측정할 수 있다. 총자본은 부채와 자본을 합한 금액으로 총자산과 같다. 이 비율이 높을수록 총자본의 효율성이 높다고 할 수 있다.

내재가치 분석의 활용과 한계

주가와 내재가치 간의 연관성은 매우 높은 것으로 나타나고 있다. 그러나 어느 내재가치가 주가를 잘 설명한다고 명확하게 찍어낼 수는 없다. 상황에 따라 중시되는 내재가치가 변하기 때문이다.

이는 학자들이 주가에 영향을 주는 이론을 계속 낼 수 있는 여지가 있다는 뜻이다.

투자자 입장에서는 수익이 주가에 가장 큰 영향을 줄 수 있는 내재가치가 될 것이다. 그러나 여러 가지 지표가 있는 만큼 한 가지를 사용해서는 안 된다. 즉 관련 내재가치를 함께 살펴보며 좋은 주식을 선정해야 할 것이다.

일반적으로 강세장에서는 수익성보다는 성장성이 우위를 차지한다. 약세장에서는 안정성이 높게 평가된다. 혼조장세에서는 수익성이 주가 선정의 우선 기준이 된다. 재무제표는 수치로 나타낸다. 즉 양적 정보라는 뜻이다.

이에 반해 경영자 및 우수한 인력, 기업 이미지 등 질적 정보는 배제돼 있어 내재가치를 정확하게 표현하지 못한다. 여기서 내재가치 분석이 한계에 달한다.

또 자산 등에 인플레이션이 반영되지 못한다. 즉 실질가치를 나타내지 못한다는 얘기가 된다.

유형자산의 내용연수 등 주관적인 추정이 실제가치 파악을 가로막기도 한다. 여러 가지 회계처리 방법은 이익 조정은 물론 비교 가능성을 낮춘다. 경영자들이 실적개선을 위해 쉽게 분식을 하기도 한다. 따라서 내재가치를 분석할 때는 이 같은 한계점을 염두에 두고 한번 더 살펴볼 필요가 있을 것이다.

제12장 주가관련비율

주가, 제 대접 받고 있나 … 주가와 내재가치의 비교

1주의 청산가치 … 주당 장부가치

1주의 부동산가치 … 주당 유형장부가치

1주의 매출실적 … 주가매출액비율

밑천에 대한 수익 … 자기자본수익률

영업으로 늘어난 가치 … 경제적 부가가치

기업가치와 영업현금흐름 … FB/EBITDA

배당은 짭짤한가 … 배당수익률

내재가치로 좋은 주식을 선별하는 방법

돈이 되는 투자 방법

내재가치만이 주가를
결정하지는 않는다. 내가 알아낸
내재가치를 남들이 높게 평가해야 한다.
주가와 내재가치를 견주어 보는 능력이 필요하다.
그리고 다른 사람이 돼지꿈을 꿀 수
있도록 기원하자.

주가, 제 대접 받고 있나…
주가와 내재가치의 비교

주가와 기업의 내재가치를 비교하면 주가 수준의 적정 여부를 판정할 수 있다.

일부 학자들은 미래의 배당 수입을 현재가치로 환산해 절대주가 수준을 알 수 있다고 말한다. 그러나 미래 배당에 대한 예측은 불가능하기 때문에 전적으로 옳다고 할 수 없다.

어쨌든 이론은 현실과 일치하는 경우도 있지만 거의 대부분 엇갈리는 것이 일반적이다.

그런데 절대적인 주가 수준을 정할 수는 없으나 상대적인 평가는 가능하다. 여기서 주식투자는 저평가된 주식을 사고, 고평가된 주식을 팔라는 얘기가 나온다. 따라서 주가의 평가문제가 대두된다.

주가를 평가하려면 기준이 있어야 한다. 그것도 여러 사람이 긍정적으로 동의할 수 있는 기준이어야 한다. 기업의 내재가치가 하나의 기준이 될 수 있다. 또 이 책 앞부분에서 이미 설명한 주가수익비율(PER)이 하나의 기준이 된다. 여기서는 주가와 연관성이 높은 비율을 중심으로 살펴보자.

1주의 청산가치 … 주당 장부가치

장부가치는 자본 또는 자산에서 부채를 차감한 것을 말한다. 흔히 **청산가치**라고도 한다.

장부가치를 발행주식수로 나누면 **주당 장부가치**가 나온다. 주가를 주당 장부가치로 나누면 **주가장부가치비율**을 산정할 수 있다.

기업의 총가치(시가총액=주가×발행주식수)와 장부가치를 비교해도 된다. 주가장부가치비율이 다른 기업에 비해 낮다면 주식 시장에서 제대로 대접을 받지 못하고 있다는 뜻이다. 따라서 대접받을 날이 올 수 있다는 기대가 매수 요인으로 작용한다.

이는 강세장보다는 약세장에서 많이 이용된다. 이는 공격적이기보다는 방어적인 평가 기준이라는 얘기가 된다. 즉 보수적인 방법이다.

이 비율이 1을 밑돌면 시가총액이 장부가치에도 미치지 못한다는 뜻이다. 즉 기업이 파산해 부채를 갚고 남는 자산이 시가총액보다 많은데도 주가가 낮다는 얘기가 된다. 이 비율이 1을 웃돌면 장부가치보다는 주가가 높다는 뜻이다. 미래 성장에 대한 기대감이 이 같은 현

최근 증권거래소 주당 장부가치(PBR) (단위:%)

구분\연도	1996	1997	1998	1999	2000
전체	0.98	0.80	0.79	—	—

상을 엮어냈다고 할 수 있다. 그러나 지나치게 높아지면 경계를 해야 할 것이다.

1주의 부동산가치 … **주당 유형장부가치**

앞에서 설명한 장부가치는 너무 부풀려질 수 있다. 저작권, 특허권, 영업권, 기술개발(R&D)투자비 등 가치가 쉽게 소멸될 수 있는 자산을 포함하기 때문이다. 따라서 이들을 제외한 가치를 주가의 평가근거로 삼을 수 있다.

여기서 유형장부가치(Tangible Book Value: TBV)라는 말이 등장한다. 따라서 주당 유형장부가치와 주가를 비교해 적절하게 평가되고 있는지를 판단해 볼 수 있다.

주가를 주당유형장부가치로 나누면 **주가유형장부가치비율**이 나온다. 이 비율이 1보다 낮거나 같다면 저평가된 것으로 매수 가능성을 암시한다고 할 수 있다. 물론 1보다 높다면 투기요인이 가세한 것으로 볼 수 있다. 이는 장부가치를 주가 평가 기준으로 삼는 만큼 보수적 가치평가방식이다. 하지만 그만큼 신뢰성은 높다고 할 수 있다.

유형장부가치는 감가상각이 되는 고정자산이 포함된다는 점에서 결점이 있다고 할 수 있다. 건물이나 기계 및 장비가 장부가치대로 매각될 수 없다는 뜻이다.

그러나 대부분 토지를 포함하고 있는 건물의 시장가치는 장부가치보다 높은 것이 일반적이다. 완전히 상각되지 않은 기계나 장비 등은 보수적으로 판단해 장부가치의 25%만을 가치로 재평가해 유형장부가치에 계산하면 된다. 이는 통상적으로 고정자산의 청산가치가 장부가치의 25% 수준이었기 때문이다.

1주의 매출실적 … 주가매출액비율

주식투자자들의 기업에 대한 관심은 매출과 수익에 집중되어 있다. 특히 주식가치를 평가하는 방법으로 이익을 중시하는 주가수익비율(PER)을 널리 이용하고 있다.

그러나 PER는 계산의 기초가 되는 미래이익이 조작될 가능성이 있어 신뢰성이 낮다는 주장이 제기되고 있다. 이에 따라 새로 등장한 것이 주가매출액비율(Price Sales Ratio : PSR)이다.

PSR는 시가총액을 매출액으로 나눈 비율이다. 시가총액은 주가에 발행주식수를 곱해 산출된다. 이 비율이 낮으면 주가가 매출에 비해 낮아 저평가된 것으로 본다. 투자종목을 선정하는 데 있어서는 PER보다 효과적이라는 통계 결과가 있다.

하지만 우리나라에서의 실증적인 조사결과는 없다. 그러나 미국의 제임스 오소니시 자금 매니저는 『PSR이 낮은 기업의 주식이 저PER주에 비해 수익률이 높다.』고 주장했다.

PSR을 이용한 저평가 종목을 선정하기 위해서는 이 비율이 1보다 낮은 주식을 선택하면 된다. 이는 시장가치가 지난 해 매출액보다 밑돈다는 말이 된다. 여기서 관심을 가져볼 만한 것은 지난 해 매출액이다. 이는 PER처럼 불확실한 미래수익을 가지고 계산하지 않는다는 것이다.

PSR도 자체 결함으로 인해 적절하지 않다는 지적도 있다. 우선 주가는 미래가치를 반영한다. 현재나 과거 가치는 이미 반영됐다. 따라서 과거 매출액을 기준으로 비율을 산출하는 것은 적절하지 않다.

또 저PSR주를 보면 수익성이 매우 저조한 기업들이 있다. 이를 보완하기 위해 영업이익 등 몇 가지를 보완하면 PSR도 주가가치를 평가하는 데 큰 위력을 발휘한다.

PSR을 이용한 투자 전략은 먼저 이 비율이 1 이하여야 한다. 여기에 영업이익이 업종평균치를 웃돌아야 한다. 그리고 지난 3년 간 계속해서 흑자를 기록해야 한다. 여기에 1년 전 주가가 오른 종목으로 압축을 해나가면 시장수익률보다 훨씬 높은 실적을 올릴 수 있다. 중요한 점은 사업특성상 할인소매업체의 경우 PSR이 낮다는 것이다. 따라서 이 점에 특히 유의할 필요가 있다.

이는 1990년대 후반 IT 관련주들이 급등할 때 유행했던 투자지표였다. 수익은 전혀 고려하지 않는다. 단지 매출증가만 이루어지면 주가는 뛰어오른다. 이는 성장주 여부를 판가름하는 지표로 유용하다.

밑천에 대한 수익 … 자기자본수익률

자기자본수익률(Return On Cammon Equity : ROE)의 기본 개념은 내재가치 분석에서 이미 설명했다. 이는 당기순이익을 자기자본으로 나눈 비율이다. 자기자본은 주주들이 경영자에게 맡긴 자금이라고 할 수 있다. 따라서 경영자 능력을 평가하는 기준으로 이용되고 있다. 이 비율이 높아지면 당연히 주가도 상승한다. 주주 몫이 그만큼 늘어나기 때문이다. 쉽게 이해될 듯 싶다. 그러나 ROE에 대한 명확한 정의가 확립되지 못해 상당한 혼란을 주고 있다.

기업이 재무활동을 통해 자기자본의 변화가 있을 때 자기자본을 어떻게 잡아야 하는지의 문제가 생겨난다.

기초자기자본이 1억 원인 회사가 연간 2,000만 원의 당기순이익을 올렸다고 하자. 증자 등 재무활동을 통해 기말자기자본은 1억 2,000만 원으로 증가했다. 이 기업의 ROE는 얼마로 할 것인가.

교과서적인 설명으로는 자기자본의 평균을 이용하도록 하고 있다. 따라서 ROE는 약 18.2%[2,000만원×100/{(1억 원+1억 2,000만 원)/2}]다. 기초자기자본을 기준으로 한 ROE는 20%다. 기말자기자본 기준 ROE는 16.7%다. 어느 ROE가 가장 유용한 것인가.

이는 ROE의 성격에서 찾아야 할 것이다. ROE는 절대수준보다는 성장가능성에 좀더 중점을 두고 있다. 따라서 기초자기자본을 기준으로 한 ROE가 적절하다. 기말자기자본의 임의적 조정이 가능하기 때문이다.

다시 말해 배당을 많이 하면 기말자기자본이 줄어드나 수익에는 영향을 주지 않는다. 이는 기초자기자본 기준의 ROE가 경영자 능력을 적절하게 평가하며 아울러 수익성 지속 여부를 판단하는 대표치가 될 수 있다는 뜻이다.

다른 기업의 ROE를 비교할 때 역시 기초자기자본 기준의 ROE가 적합하다. 기말자기자본에 배당이 영향을 미치기 때문이다. 다시 말해 배당을 한 기업과 하지 않은 기업 간의 기말자기자본 차이가 나기 때문이다.

ROE 분해

앞에서 설명을 미루었던 ROE 구성요소를 살펴보자.

$$ROE = \frac{당기순이익}{자기자본}$$

$$= \frac{당기순이익}{매출액} \times \frac{매출액}{총자산} \times \frac{총자산}{자기자본} \times 100$$

$$= 매출액순이익률 \times 총자산회전율 \times (1+부채비율)$$

매출액순이익률은 매출을 올리는 데 소요되는 영업, 경영, 자금 조달, 세금 등의 비용이 얼마나 효율적으로 집행되었는지를 말해준다. 이 비율이 클수록 기업의 이익이 커지고 안정된다. 매출액이 일정한 가운데 이 비율의 상승은 이익증가를 의미한다. 총자산회전율은 매출을 올리는 데 자산이 얼마나 효율적으로 활용되었는지를 나타낸다. 적절하지 않은 자산 이용이나 과잉사용은 자산회전율을 낮춘다. 결국 자기자본순이익률과 수익성도 악화시킨다.

매출액순이익률×총자산회전율[(순이익/매출액)×(매출액/총자산)]은 총자산수익률이 된다. 앞의 분모인 매출액과 뒤의 매출액은 서로 상계할 수 있다. 따라서 순이익을 총자산으로 나눈 비율만 남는다.

총자산수익률을 말한다. 이는 매출순이익률을 올리거나 자산회전율을 높이면 총자산수익률이 높아진다는 의미다.

매출순이익률은 비용절감을 통해 높일 수 있다. 총자산수익률은 매출을 늘리면 빨라진다. 자산을 줄여 총자산회전율을 가속시키고 동시에 자기자본순이익률을 높일 수 있다. 이것이 곧 기업들이 매출에 공헌하지 못하는 자산을 처분하는 이유다.

총자산을 자기자본을 나눈 비율은 재무레버리지비율이다. 이는 부채를 통한 자금 조달이 얼마나 되는지를 말해준다. 이 비율이 높아질수록 금융 리스크가 커지는 동시에 자기자본순이익률도 커진다. 금융 리스크가 커진다는 얘기는 매출이 저조한 시기에 이자지급비용을 충당하지 못할 수 있다는 의미다. 이상적인 기업은 매출총이익률과 자산효율성이 높고 재무레버러지가 낮아야 한다는 결론을 내려볼 수 있다.

ROE를 평가할 때 다시 한번 생각해야 할 점들을 살펴보자. ROE가 같다면 부채가 없거나 낮은 기업이 바람직하다. 부채가 많을수록 자본이 적어지기 때문이다. ROE는 산업마다 차이가 있다.

제약업체나 소비재업체는 일반적으로 부채 비중이 무거운데도 ROE는 높게 나타난다. 소비재업체의 매출은 경기순환업체 매출에 비해 예측 가능성이 높아 부채를 늘릴 여유가 있다. 경기침체기에도 기본 소비재업체들은 이자부담을 크게 느끼지 않고 확장에 나설 수 있다.

자사주 매수는 자기자본을 줄인다. 따라서 ROE가 높아진다. 자사주 매도는 자기자본을 늘린다. 역시 ROE에 영향을 준다. ROE는 경기 주기를 따라 움직인다. 경기 성장기의 높은 ROE가 계속 이어질 수 없다는 뜻이다. 구조조정이나 특별손익으로 수익을 확대시킬 수 있다. 이익조작으로 ROE가 부풀려질 수도 있다.

ROE가 증가하면 기업 이익도 늘어나고 있다는 뜻이다. 따라서 ROE를 기준으로 수익증가를 예측할 수 있다. 다시 말해 기업의 ROE 증가율을 예측할 수 있다면 주주지분 증가율을 내다볼 수 있다. 아울러 순이익의 규모도 계산할 수 있다는 의미다.

최근 증권거래소 ROE 동향						(단위:%)
구분 \ 연도	1996	1997	1998	1999	2000	
전 체	7.4	1.8	-3.0	-12.8	5.9	

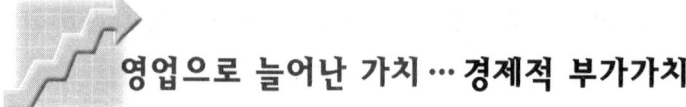
영업으로 늘어난 가치 … 경제적 부가가치

경제적 부가가치(Economic Value Added:EVA)는 기업이 영업활동을 통해 벌어들인 순가치의 증가분을 말한다. 세후 순영업이익에서 자본비용을 제외한 잔여이익을 말한다.

자본비용은 타인자본(부채)비용과 자기자본비용을 말한다. 타인자본비용은 채권에 대한 이자를 뜻한다. 자기자본비용은 실제 계산하지는 않는다. 그러나 주주들이 기업에 투자하지 않았다면 받을 수 있는 수익을 계산할 수 있다.

다른 곳에 투자해서 얻을 수 있는 수익을 기업의 비용으로 간주하는 것이 자본비용이다. 일반적으로 위험에 대한 프리미엄은 타인자본보다 자기자본이 높다. 채권자의 기대수익보다 주주의 기대수익이 크다는 뜻이다. 또한 자기자본 비용이 타인자본비용보다 크다는 의미다.

경제적 부가가치는 세후영업이익에서 총자본에 대한 비용을 공제한 이익을 말한다. 즉 총자본을 기업의 부채로 간주한 셈이다.

EVA = 세후영업이익 − 자본비용
    = 영업이익 − 법인세 등 − (타인자본비용 + 자기자본비용)

이 식에서 경제적 부가가치는 주주와 채권자들이 제공한 자금의 위험부담에 대한 비용과 국가와 지방자치단체에 내는 비용을 공제한 영업이익을 말하는 것을 알 수 있다. 자본제공자의 기회비용을 초과한 영업이익으로 기업이 새로 창조한 가치라는 얘기가 된다.

당기순이익은 타인자본에 대한 비용을 감안한 결과로 주주의 몫이다. 자기자본에 대한 비용은 계산하지 않고 단지 주주의 몫으로 간주한다. 따라서 주주 자본에 대한 기회비용을 충분히 보상하고 있는지를 판단하기 어렵다.

이에 반해 EVA는 자기자본비용도 감안한 잔여영업이익으로 기업이 만든 주주의 순수한 부를 의미한다. 당연히 주주의 부가 커지는 만큼 주가도 높은 것이 보통이다. 따라서 EVA가 높은 기업을 찾아 투자를 하면 수익도 높다고 할 수 있다.

당기순이익을 내고 있다고 해도 EVA가 마이너스를 지속하면 기업으로서의 존립을 위협받는다. 자기자본에 대한 부를 창조하지 못하는 만큼 자기자본 투자가 위축될 수밖에 없다. 결국 타인자본으로 자금을 조달하게 되어 이자 부담이 가중되기 때문이다.

예를 들어보자. 자기자본과 타인자본을 합해 200억 원을 투입한 사업에서 20억 원의 이익을 얻었다고 하자. 이 때 이익률은 10%다. 그

최근 증권거래소 경제적 부가가치					(단위:십억원)
구분 연도	1996	1997	1998	1999	2000
분석기업수	561	518	490	466	468
EVA	-2,785	-14,666	2,565	1,177	-1,775

런데 총자본의 조달비용이 15%였다면 이 사업은 이익을 낸 것이 아니라 손해를 본 것이다. 다시 말해 총자본비용이 15%인 사업의 수익은 적어도 15% 이상의 이익을 내야 수익성이 있다고 할 수 있다.

기업가치와 영업현금흐름 … FV/EBITDA

FV/EBITDA는 기업가치를 영업현금흐름으로 나눈 비율이다. 기업가치가 영업현금흐름의 몇 배나 되는지를 나타낸다. 따라서 시장 평균과 비교해 주가 수준을 판가름할 수 있다.

기업가치를 말하는 FV(Firm Value)는 시가총액(주가×발행주식수)에 순부채를 더해 산출된다. 순부채는 장기부채에서 현금을 제외한 금액을 말한다. 기업가치는 EV(Enterprise Value)라고 하기도 한다.

아파트를 예로 들어 보자. 자산이 1억 원이고 아파트 대출금이 1억 원이라고 하자. 이 때 아파트 가치는 2억 원이 된다.

EBITDA는 「Earnings Before Interest, Tax, Depreciation and Amortization」의 약자다. 이는 기업이 영업활동을 통해 벌어들인 현금 창출능력을 나타낸다. 지급이자, 세금, 감가상각비 등을 공제하기 전의 이익이다. 이자는 영업외수지 항목에 속한다. 세금은 당기순이익이 확정되기 전에 공제된다. 따라서 편의상 영업이익에 감가상각비를 더해 산출된다. 이자는 채권에 대한 비용이다. 세금은 국가에 내는 피할 수 없는 비용이다. 감가상각비는 유형자산이 기업활동에 공헌한 비용이다.

유형자산은 장기부채와 자기자본으로 구입한다. 결국 EBITDA는 타인자본과 자기자본을 이용해 벌어들인 현금을 말한다. 이자와 세금은 영업과 관련이 없는 비용이며 감가상각은 현금지출이 없는 비용이기에 영업이익에 더해 현금흐름을 구한 것이다.

EV/EBITDA는 기업가치가 영업활동을 통해 벌어들인 현금의 몇 배나 되는지를 나타낸다. 이 비율이 낮으면 영업으로 버는 현금에 비해 기업가치가 낮다고 할 수 있다. 따라서 주가 상승의 여지가 있다고 할 수 있다. 아울러 기업가치가 시장에서 낮게 평가되고 있어 기업인수합병(M&A)의 대상이 된다.

세금은 국가에서 거둔다. 이자는 한 나라의 금리 수준과 회사의 신용에 따라 달라진다. 감가상각은 회사가 내용연수 추정과 상각방법의 선택으로 결정된다. 이 비율은 국가별·회사별로 나타날 수 있는 회계상의 왜곡을 배제했다는 점에서 선진국에서 주가를 평가할 때 이용도가 높은 지표다.

이 비율이 5배라 하면 기업가치가 1년 간 벌어들이는 EBITDA의 5배가 된다는 뜻이다. 뒤집어 말하면 5년이면 투자원금을 회수할 수 있다고 할 수 있다.

배당은 짭짤한가 … 배당수익률

배당은 경영의 결과인 이익을 주주에게 나눠주는 것을 말한다. 현재 배당은 결산배당 및 중간배당제도를 택하고 있다. 중간배당제도는 회계년도 도중에 배당을 줄 수 있다는 뜻이다. 중간배당을 하더라도 결산 후에 배당을 또 할 수 있다.

상장기업이나 등록기업의 경우 상반기(6개월) 결산을 하면서 배당을 주는 회사들이 있다. 정부는 여기에 한술 더 떠 분기별 배당제의 도입을 정책적으로 추진하고 있다. 이미 시행되고 있는 분기별 실적 발표와 더불어 배당도 함께 하자는 뜻이다. 이는 배당을 자주 실시하면서 장기투자를 이끌어내려는 의도다.

한 달에 한 번 용돈을 받는 것이나 한 주에 한 번 용돈을 받는 것이나 금액에서는 그다지 차이가 없을 듯 싶다. 그러나 배당을 자주 함으로써 수익에 대한 확신이 커지게 될 것이다. 그만큼 주가도 오를 가능성이 높다.

한 회계년도의 이익이 바로 배당금으로 나가지는 않는다. 배당을 하려면 배당가능이익이 있어야 한다. 배당가능이익은 대차대조표상의 순자산(부채-자본)에서 자본금과 준비금을 공제한 금액을 말한다.

준비금은 이제까지 사내에 적립한 자본준비금과 이익준비금, 그리고 해당 결산기에 남겨야 하는 준비금을 말한다. 배당가능이익을 계산하는 데 당기 이익은 감안하지 않고 있다. 아울러 이익발생 여부를 따지지 않는다. 따라서 손실이 났다고 해도 배당가능이익이 있다면 기업은 배당을 할 수 있다는 뜻이 된다.

당기 이익발생여부를 따지지 않고 배당가능이익을 계산하는 주된 이유는 자기자본을 충실하게 유지하기 위해서다. 과거의 손실 때문에 자기자본이 부실한 기업이 이익이 났다고 바로 배당하는 것을 막으려는 데 목적을 두고 있다. 배당은 당기순이익에서 회사 밖으로 나가는 자금이다. 결국 자기자본을 감소시킨다.

배당은 액면가를 기준으로 분배되고 있다. 액면가는 납입자본 한 단위의 가격이다. 쉽게 이야기하면 주권 1주에 기재된 금액을 말한다. 따라서 주식시장에서 거래되는 가격인 주가와 다르다. 유상신주의 발행가격과도 차이가 난다.

배당률은 액면가를 기준으로 얼마만큼의 현금을 주는지를 나타낸다. 이는 배당금을 액면가로 나눠 백분율로 나타낸 것이다. 액면가를 기준으로 하는 배당률도 물론 높으면 높을수록 좋다. 이는 주가수준이 높아진다는 뜻이기 때문이다. 그러나 이는 다른 기업과 비교해 상대적인 우위를 보여줄 뿐이다. 주식투자자 입장에서 이 같은 배당률에는 큰 의미를 부여하지 못한다.

투자자들이 기업에 투자하는 돈과 보는 가격은 주식시장에서 형성되는 주가다. 다시 말해 액면가가 아닌 시가다. 따라서 주가를 기준으로 한 수익을 중시하게 된다.

이 경우는 배당금을 액면가가 아닌 주가로 나눠 백분율한 배당수익률을 말한다. 실제로 투자한 돈에 비해 얼마만큼의 대가를 받았는지 보여준다. 흔히 이를 **시가배당률**이라고 한다. 이 때 주가 기준은 배당부최종일 주가를 말한다. 이 비율이 높을수록 배당이 많다는 뜻이다.

배당수익률은 투자자들의 투자 수익이다. 따라서 주가에 영향을 미친다. 이 비율이 높다면 주가에 일단 긍정적이다. 투자수익이 높아지기 때문이다. 그러나 지나치게 높으면 회사에 남겨지는 자금이 적어지게 된다. 투자를 통한 성장에 대한 기대감을 약화시킬 수 있다.

반대로 이 비율이 낮으면 두 가지 상반된 해석이 가능하다. 배당금을 줄이는 대신 사내 유보금을 늘렸다고 고무적으로 볼 수 있다. 따라서 기업의 미래 전망이 밝다고 할 수 있다. 이는 주가 상승 가능성을 보여준다.

반면에 이런 해석도 가능하다. 배당이 적은 만큼 수익성이 악화됐다고 해석할 수 있다. 즉 기업 전망이 어둡다는 뜻이 된다. 따라서 주가 하락 가능성이 높다고 할 수 있다.

배당은 사외유출금으로 기업의 내부 유보금과 연관성이 높다. 그런데 기업 이익은 매년 달라진다. 적어지는가 하면 대폭 늘어나기도 한다. 일정한 규모의 배당을 하는 것보다 이익에 비례해 배당을 주는 것이 합리적일 것이다. 회사에 남는 돈과 사외로 나가는 돈의 균형을 맞출 수 있기 때문이다.

여기서 배당성향이라는 단어가 등장한다. **배당성향**은 당기순이익에서 배당금이 차지하는 비중이다. 따라서 이익이나 배당규모에 관계 없이 다른 기업과 쉽게 비교할 수 있다. 배당성향이 일정한 기업의 수익을 예측할 수 있다면 당연히 배당도 내다볼 수 있다. 배당에 대한 예측 가능성이 높아진 만큼 주가 변동성은 크게 낮아질 것이다. 즉 주가가 안정적으로 흐를 수 있다는 뜻이 된다.

배당성향이 낮다는 뜻은 사내에 이익을 많이 남겨놓았다는 말이다. 일단 자기자본이 튼튼하다고 볼 수 있다. 투자재원이 많은 만큼 성장 가능성이 높다는 얘기가 된다. 즉 성장주 자격을 갖춘 셈이다.

시가배당

매스컴에서 자주 등장하는 말이다. 배당 시즌이거나 주가가 비실비실거릴 때 시가배당 정착으로 장기 투자를 유도해야 한다는 것이 주요 골자다. 참 웃기는 얘기다. 시가배당이라는 말은….

우선 배당의 의미를 살펴보자. 기업이 올린 수익을 자본 참여자에게 나눠주는 것이 배당이다. 수익이 많으면 당연히 배당이 많아진다. 수익이 나면 기업은 **법정준비금**(자본 및 이익준비금)과 **임의적립금**(주주총회에서 결정)을 우선 쌓는다. 그리고 배당금을 계산한다.

계속 기업으로 존속하기 위해서는 가능한 한 수익을 많이 축적시키는 것이 좋다. 기업 입장에서 보면 현재의 주주보다는 앞으로의 주주가 더 중요하다.

기존 주주들은 이미 회사에 돈을 냈다. 이미 들어온 돈은 나가지 않는다. 따라서 굳이 따진다면 앞으로 필요한 자금을 낼 잠재 주주가 더 중요하게 된다. 이러한 주주를 유혹(?)하기 위해서는 무엇보다도 기업의 내재가치가 높아야 한다. 이러한 내재가치가 바로 주가수준을 결정한다.

시가에서 액면가를 뺀 차액이 바로 그 기업의 프리미엄이다. 프리미엄이 높으면 기존 주주들도 배당이 적더라도 신난다. 배당과는 비교가 되지 않는 차액을 챙길 수 있는 기회가 있기 때문이다.

기업이 배당을 적게 줄 이유는 또 있다. 기업이 공개 및 등록을 통해 생판 모르는 다른 사람을 경영에 참여시키는 주된 이유는 기업이 필요로 하는 자금을 조달하는 데 있다. 그것도 싸게 들여오려 한다. 저리로 자금을 끌어들이려면 반대급부인 대가가 적어야 한다. 다시 말해 배당이 적어야 한다.

이제 시가배당에 대해 얘기해 보자. 시가배당이란 말은 시가를 기준으로 한 배당을 말한다. 현재 배당은 액면가를 기준으로 지급되고 있다. 우리가 흔히 보고 듣는 배당률은 액면가를 기준으로 해서 얼마라는 얘기다.

액면가 5,000원인 주식의 배당률이 10%라면 배당금은 500원이다. 배당률 10%는 실세 금리가 한 자리 수인 점에 비춰보면 높다. 그런데 대주주를 제외한 일반 주주들은 이 기업의 주식을 살 때 액면가가 아닌 시가로 매수했다.

예를 들어 어느 주주가 이 회사 주식을 2만 원에 매수해 배당을 받았다고 하자. 2만 원에 500원이라면 배당수익률은 2.5%에 불과하다.

최근 증권거래소 시장 배당수익률						(단위:%)
구 분	1996	1997	1998	1999	2000	
제조업	1.7	1.9	1.9	0.9	2.0	
전 체	1.5	1.9	1.7	0.7	1.8	

흔히 말하는 시가배당은 2.5%가 된다. 다시 말해 시가배당은 배당수익률을 말한다.

여기서 시가는 주주가 매수한 가격이 정확하다. 그런데 실무적으로는 배당 기준일(12월 말 결산기업은 폐장일이며 그 밖의 기업들은 결산 기준일로 따져 3일 전)의 종가를 기준으로 한다. 실세 금리와 비교할 때 시가 배당은 매우 낮다. 이는 아주 자연스럽다고 할 수 있다. 기업이 실세 금리만큼 배당을 해야 한다면 구태여 기업을 공개하거나 등록을 할 필요성이 적어질 것이다. 은행 등 금융기관에서 빌리면 되기 때문이다.

은행에서 빌려 원리금(원금과 이자)을 잘 갚으면 군소리가 없다. 그러나 다른 주주들이 참여하면 경영간섭을 받는 등 기업주 입장에서 보면 골치가 아프다. 시가배당이 의무화되면 누가 기업을 공개할 것인가!

내재가치로 좋은 주식을 선별하는 방법

주가는 누가 뭐래도 기업의 내재가치에 따라 결정된다. 내재가치의 기준과 주가와의 관계가 명확하게 설정되는 것은 아니다. 그러나 내재가치가 기업 주가수준에 영향을 주는 사실은 부인할 수 없다. 전통적인 주가의 가치 평가 방법은 배당에 기초를 두고 있다. 주가수준이 높아지면서 배당 비중이 줄어드는 대신 매매차익이 투자 목표가 되고 있다. 따라서 기업가치 평가방법 또한 배당에서 벗어나 기업 내재가치로 무게 중심이 이동하고 있다.

영어로 기업은 「Going Concern」이라는 표현을 쓰기도 한다. 즉 이는 계속기업이라는 의미다. 이는 기업은 수익을 올리면서 성장을 해야 한다는 뜻이다. 기업수익이 배당의 재원인 점을 감안하면 수익을 기준으로 한 내재가치가 주가에 큰 영향을 줄 수 있다고 볼 수 있다.

미국 개인투자자연합(American Association of Individual Investors Glossary : AAII)은 수익과 배당, 그리고 자산을 모두 고려한 총기본적 가치에 따라 투자 유망종목을 선정하는 방법을 소개했다. AAII는 총기본적 가치를 이익주가비율, 자기자본유보이익률, 배당수익률 등 세 개의 비율을 합한 수치로 정했다. 기업의 총기본적 가치가 25%를 넘으면 일단 투자할 만한 기업으로 판단한다.

내재가치를 중시하는 투자자들은 주가가 낮아도 성장률과 배당률이 높으면 투자를 한다. 여기서 문제는 높은 성장률과 높은 배당률이 서로 충돌하는 데서 발생한다.

배당이 높으면 내부이익이 적어져 성장이 더디게 된다. 가치 추종자들은 또 성장률이 높다면 무배당이나 적은 배당을 감수한다. 아울러 저가주에 높은 배당률이나 수익이 많으면 저성장을 용인한다. 이러한 상황을 모두 감안할 때 총기본적가치에 의한 종목선정 방식은 설득력이 있다고 할 수 있다.

이익주가비율은 주당순이익을 주가로 나눈 비율이다. 주식투자자라면 누구나 알고 있는 PER(주가수익비율)의 역수다. 버핏은 『이익주가비율이 장기수익증권 수익률과 비슷한 주식이 투자매력이 높다』고 평가했다.

자기자본유보이익률은 순자산가치에 대한 유보이익률로 기업 성장 정도를 측정하는 가늠자가 될 수 있다. 유보이익을 자기자본(자산-부채)으로 나눠 산출할 수 있다. 유보이익은 수익에서 배당금을 제외한 수익이다. 기업 외부로 유출되지 않고 기업에 남는 자금이다. 재투자 재원으로 기업 성장의 밑거름이 된다.

자기자본은 순자산이라고 한다. 채무를 갚고 남은 자산으로 청산가치라고도 한다. 자기자본이익률(ROE)은 자기자본에 대한 수익률을 말한다. 배당을 하지 않으면 ROE가 바로 자기자본유보이익률이 된다. 여기서 부채가 많으면 자기자본이 작아진다. 아울러 자기자본유보이익률이 커질 수 있다. 이 비율을 이용할 때는 세심한 주의가 필요하다.

배당수익률은 배당을 주가로 나눈 비율이다. 배당금이 많아 이 비율이 높다면 기업의 내부 유보금은 적다는 얘기가 된다. 따라서 성장 원동력이 떨어진다고 할 수 있다.

이익주가비율, 자기자본유보이익률, 배당수익률로 구성되는 총자본가치가 25%를 웃돌아야 가치는 물론 성장성도 우수한 기업이라고 할 수 있다. 그러나 순자산유보이익률이 부채로 인해 과대평가될 수 있어 이를 확인할 필요가 있다. 아울러 주식을 선정하는 데 있어 총기본적 가치에 전적으로 의존할 수는 없다. 매출 및 순익의 안정성 등 여러 가지 상황을 추가로 살펴볼 필요가 있다.

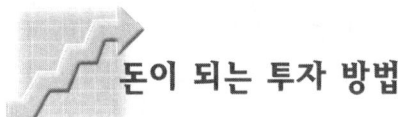

돈이 되는 투자 방법

대박은 꿈에 남겨두고 쪽박은 차지 않는 투자 방법이 있다. 즉 정액정기투자방법이다. 영어로는 「Dollar-Cost Averaging Method」라고 한다. 영어로 보면 언뜻 이해가 가지 않는다. 그러나 아주 쉬운 방법이다.

일정 금액을 일정한 시기에 장기적으로 투자하면 된다. 일정금액은 투자자의 경제 사정에 따라 다를 것이다. 시기 또한 매월도 좋고 상여금이 나오는 날도 좋다.

구분	투자	주가	매수 수량
1	15만 원	1만 원	15주
2	15만 원	1만 5,000원	
3	15만 원	5,000원	30주
총비용	45만 원		
평균가격		1만 원	
총주식수			55주
평균매수가격	약 8,200원		

중요한 것은 주가가 어떻게 흐르는지 관심을 갖지 말라는 점이다. 주가가 오르면 오른대로, 떨어지면 떨어진대로 당초 정했던 시기에 정한 금액만큼 주식을 사면 된다.

이 같은 방법은 부풀려진 가격으로 주식을 매수하는데 따른 위험을 줄여줄 수 있다.

주가가 올랐을 때 같은 금액으로 주식을 사면 매수량이 줄어든다. 반대로 주가가 떨어졌을 때는 늘어난다.

위의 표는 15만 원씩 세 차례에 걸쳐 주식을 매수한 결과를 요약하고 있다. 들어간 돈은 모두 45만 원이다. 주가 단순 평균은 1만 원이다. 반면에 매수량을 감안한 평균 가격은 이보다 낮은 8,200원이다. 수수료는 제외했다.

이 같은 가격차는 주가가 낮을 때 매수량이 많아진 데서 비롯된다. 주가가 오를 때 적게 매수한 위험을 덜어준다.

이러한 방법이 모든 것을 해결해주는 것은 아니다. 하락장세가 이어지면 어떤 수단을 써도 손실을 방어하지 못한다.

이 방법의 중요한 특징은 주가와 상관없이 정기적으로 매수한다는 점이다.

급등을 하든 급락을 하든 흔들리지 말아야 한다. 자동 매수에 간섭을 할 경우 저가 매수에 따른 이점을 놓칠 수 있다[이 부분은 버튼 G. 멜키엘, 김헌 옮김, 《월가에서 배우는 랜덤워크 투자전략(A Random Walk Down Wall Street)》(국일증권경제연구소, 2001)에서 발췌했음을 밝힌다].

이 책을 읽는 독자에게

우리 주식시장의 개인투자자들은 데이 트레이딩(day trading)을 많이 한다. 즉 소폭의 이익을 노린 매매를 즐겨 한다는 뜻이다. 그러한 사람들이 수익을 얼마나 많이 올리는지는 파악할 수 없다. 그러나 수수료와 거래세 등 매매비용을 감안하면 크게 돈 버는 사람은 많지 않을 것이다. 물론 대박을 터뜨렸다는 사람도 있다. 그러나 그러한 일은 어쩌다 일어나는 행운일 뿐, 계속해서 대박을 맞이하는 투자자는 없다. 건전하고 올바른 주식투자가 아니라, 하느님조차 알 수 없는 가격 변화만을 좇는 투기성 매매에만 매달렸기 때문에 어쩌면 이는 당연한 결과라고 할 수 있다.

투자와 투기를 구분할 때 자주 인용되는 말이 있다. 『내가 하면 투자이고 남이 하면 투기이다.』 다시 말해, 자기는 항상 투자자이고 남은 항상 투기꾼이 된다. 여기서 나는 과연 투자자인가 라는 질문을 스스로 해볼 수 있다. 달리 말하면 앞뒤를 한번 가늠해 보고 주식을 고르는지 생각해야 할 것이다. 투자자가 고려해야 할 사항은 여러 가지가 있을 것이다. 최소한 투자하려는 회사의 내재가치는 한 번쯤 점검해 보아야 할 것이다. 이것마저 하지 않는다면「묻지마 투자」를 하는 투기꾼이 된다.

기업의 내재가치는 재무제표에서 찾을 수밖에 없다. 비록 재무제표에 대한 신뢰가 크지 않다고 해도 다른 방법은 없다. 그러나 일반 투자자들이 재무제표에 접근하기는 쉽지 않다. 먼저 골치아픈 항목으로 가득찬 표가 짜증을 불러온다. 여기에 늘어진 수들은 머리를 절로 흔들게 한다. 게다가 용어 또한 얼른 한눈에 들어오지 않는다. 이 책은 이러한 문제점을 해결하는 데 조금이라도 도움을 주기 위해 만들었다. 아울러 일반 독자들이 좀더 쉽게 이해할 수 있도록 성심껏 노력했다.

내재가치에 기본을 두지 않는 투자는 앞으로 자리매김을 하기 어려울 것으로 예상된다. 이유는 아주 간단하다. 철저히 내재가치 중심으로 시장에 접근하는 외국인들 때문이다. 외국인들이 갖고 있는 주식은 시가총액을 기준으로 40%를 조금 밑돈다. 대주주를 비롯한 특수관계인과 기관투자가 보유물량을 제외하면 우리 주가의 결정력은 외국인 손에 좌우된다고 할 수 있다. 결국 내재가치를 알지 못하면 시장에 접근하기가 어려워진다는 얘기가 된다.

내재가치가 높은 주식의 가격은 이미 상승했을 것이다. 그러나 아직 기회는 있다. 내재가치가 더욱 좋아질 수 있는 기업이 있기 때문이다. 아울러 내재가치가 악화될 수 있는 기업도 존재한다. 따라서 내재가치에 대한 연구는 지속되어야 할 것이다. 이러한 시도에 이 책이 도움이 됐으면 한다.

  끝으로 이 자리를 빌려 부모님과 아내, 그리고 사랑하는 아이들, 무엇보다 독자들께 감사의 뜻을 전한다.

2002. 2. 한경센터에서
Randomer 김 헌

■ 찾아보기

가속상각법 53, 91
간접법 129, 130, 132
감가상각비 137, 191, 238, 256
감모손실 86
감사의견 23, 24
감자차손 71, 73
결손금처리계산서 16, 102, 103, 105
결손보전 102, 112, 183
결합대차대조표 160, 161
결합손익계산서 160, 161
결합재무제표 157, 158
결합현금흐름표 160, 161

경상이익증가율 216, 217
경제적 부가가치(EVA) 256
고정부채 67, 78, 79, 80
고정자산 55
고정자산회전율 233
고정장기적합률 231
공개기업 17, 33, 103
교환사채(EB) 81, 82
금융감독원 21, 22, 95
금융비용부담률 230
기본주당경상이익 44
기본주당순이익 32, 33
기업집단결합재무제표 157, 158
기업회계기준 23, 28, 39, 44, 60
기타법정적립금 72, 113

275

기타자본잉여금 70, 71

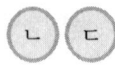

납입자본금 67, 68, 69
내용연수 53, 59
내재가치 13, 14, 15, 41
노동생산성 242
단기대여금 53, 84, 85
단기차입금 79, 95
단식부기 27
당기순손실 30, 102
당기순이익 16, 28, 29, 30, 31
당기순이익증가율 218
당좌비율 228
당좌자산 83, 84
대손상각 53, 54, 89
대차대조표 15, 18, 19

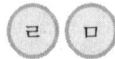

랜덤워크 이론 13
매출액경상이익률 202
매출액순이익률 136, 203, 207
매출액영업이익률 201
매출액증가율 210, 214, 215
매출채권 53, 84, 85

매출채권회전율 239
매출총이익 28, 40, 54
무상증자 69, 71, 113
무형자산 83, 88, 91, 128
미교부주식배당금 73, 76
미수금 53, 84, 85
미지급금 79
미지급법인세 79

받을어음 85
배당금 34, 47
배당금보상배율 138
배당수익률 180, 181
법인세비용 39, 40, 181
법인세비용차감전순이익 30, 40
보험차익 43
복식부기 27, 28
부가가치율 241
부속명세서 187, 188, 192
부적정의견 24
부채비율 222, 223, 224
부채성충당금 79, 80, 82
분식결산 92
비상위험준비금 171

사채상환손익 51
선수수익 79, 80
성장기업 19
손익계산서 15, 16, 19
순운전자본 120
시가배당 263, 264, 265
시가증자 69
시장가격 47
신주인수권부사채 33, 81, 183
실질지배력기준 144

액면병합 32
액면분할 32
연결대차대조표 148
연결손익계산서 148, 149
연결자본변동표 148, 149, 150
연결재무제표 87, 141, 142, 143
연결재무제표준칙 148
연결현금흐름표 148, 150
영업손실 46, 168
영업외비용 43, 45, 46
영업외손익 31, 42, 45, 46
영업이익 16, 58

영업이익증가율 218
영업활동 18, 19, 45
예수금 79, 165, 167
외부감사 16, 17, 22, 92
외부주주지분 145, 147, 151
외화환산손익 49, 50
우발채무 107
운전자본회전율 238
원화차입금 167
유가증권처분이익 47
유동부채 67, 78, 80, 82
유동비율 226, 227
유동자산 67, 83, 84
유보금 19, 28, 29, 30
유상증자 69, 70, 129, 131
유형자산 50, 51, 52, 53
유형자산매각손익 51
유형자산증가율 216
의견거절 23, 24
이연법인세 40, 41, 97, 98, 181
이익소각 76, 109, 133
이익유연화 94
이익잉여금 18, 63, 67, 69
이익잉여금처분계산서 15, 16, 19, 34
이익조작 94, 253
이익조정 94
이익주가비율 37, 38, 264, 265
이익준비금 72, 111, 112
이익평가배율 136

이자보상배율 137
임의적 부속명세서 192
임의적립금 72, 73, 102, 109

ㅈ

자기자본 55, 66, 75, 77
자기자본경상이익률 207
자기자본비율 111, 224, 225
자기자본수익률(ROE) 208, 209, 212
자기자본순이익률 208, 209, 213, 243
자기자본유보이익률 266, 267, 269
자기자본증가율 215
자기자본회전율 235
자기주식처분손실 71, 73, 75, 111
자기주식처분이익 71, 75
자본생산성 242
자본잉여금 18, 63, 67, 69, 70
자본조정 63, 67, 73, 75, 76
자산수증이익 42, 43
장기대여금 87
장기채권수익률 37
장부가격 47
장부가치 68, 69, 71, 206
재고자산 83, 84, 85, 94
재고자산회전율 237, 238
재공품 86, 189
재무레버러지효과 208, 209

재무활동 18, 77, 125, 128
적정의견 23, 24
전기오류수정손실 107, 108
전기오류수정이익 104, 107, 108
전기이월이익잉여금 73, 104, 105, 106, 107
전자공시제도 21
전환사채(CB) 33, 81, 80, 81, 183
전환주식(BW) 33
정률법 53, 91, 191
정액법 53, 74, 91, 191
종속회사 104, 141, 142, 143, 146
주가매출액비율(PSR) 250
주가수익비율(PER) 35, 38, 198, 245
주가장부가치비율 248
주기 32, 34, 177
주당 유형장부가치 249
주당 장부가치 248
주당경상이익 44
주당순이익(EPS) 31, 30, 31
주석 34, 67, 69, 75, 84
주식매입선택권 33
주식발행청구권 33
주식발행초과금 70, 71, 74
주식수익률 37
중간배당액 108
증권거래소 21, 22, 23
증권거래준비금 169, 170
지배회사 141, 142, 143
지배회사이론 147

지분법 76, 104, 144
지주회사제도 159
직접법 129, 130

차기이월결손금 114
차기이월이익잉여금 73, 104, 112
채무면제이익 43
처리전결손금 109
청산가치 68, 206, 246
총자본가치 268
총자본경상이익률 204
총자본순이익률 205
총자본회전율 234
총자산증가율 214
총자산회전율 253
출자전환 78

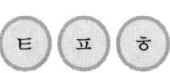

타인자본 55, 66, 77, 203
투자유가증권 87, 133, 135
투자활동 18, 19, 124
특별손익 31, 42, 43
특별이익 42, 220
판매관리비 19, 48, 51
필수적 부속명세서 187, 188, 192
한정의견 24
현금등가물 84, 124, 125, 129
현금흐름부채보상배율 138
현금흐름이익률 136
현금흐름이자보상배율 137
현금흐름표 14, 16, 19, 95
회계변경 104, 106
희석주당경상이익 44
희석주당순이익 32, 33

내재가치로 고르는 좋은 주식 나쁜 주식

지은이 / 김헌 · 이원선
펴낸이 / 김경태
펴낸곳 / 한국경제신문 한경BP
등록 / 제 2-315(1967. 5. 15)
홈페이지 / http://bp.hankyung.com
제1판 1쇄 인쇄 / 2002년 3월 1일
제1판 2쇄 발행 / 2002년 4월 20일
주소 / 서울특별시 중구 중림동 441
기획출판팀 / 3604-553~6
영업마케팅팀 / 3604-561~2, 595
FAX / 3604-599

* 파본이나 잘못된 책은 바꿔 드립니다.
ISBN 89-475-2375-5

값 9,500원

한국경제신문 출판법인 한경BP 의 책들

― 평생 한번은 꼭 읽어야 할 물과 공기 같은 책 ―

권력이동

앨빈 토플러 지음/이규행 감역
양장/16,000원

21세기를 향해 변화하는 폭력·부·지식 등 사회 각 부문의 권력 격변은 어떤 형태를 취하며 앞으로 다가올 변화는 누가 어떻게 통제할 것인가? 세계 곳곳에서 일어나고 있는 권력의 대지진과 격변을 놀라운 통찰력으로 예견한 역작.

미래 쇼크

앨빈 토플러 지음/이규행 감역
양장/14,000원

인간에게 격심한 변화가 닥쳤을 때 인간은 도대체 어떠한 상태에 이르게 될 것인가? 그리고 어떻게 하면 미래의 변화에 적응할 수 있을 것인가? 오늘의 현대인에게 미래의 충격적 상황을 예시하고 이를 극복할 방향을 제시한 역작.

제3물결

앨빈 토플러 지음/이규행 감역
양장/15,000원

기존질서의 붕괴와 전자문명의 개막이 가져다 준 생활패턴의 변화라는 격랑에 현대인은 표류당하고 있다. 어떻게 이러한 새로운 시대의 질서와 생활패턴에 능동적으로 대처해 나갈 것인가를 예리한 문명비판적 시각에서 제시한다.

전쟁과 반전쟁

앨빈 토플러 지음/이규행 감역
양장/9,500원

새로운 세기로 접어들고 있는 오늘의 지구촌에서 새 문명의 등장으로 촉발된 대규모 평화위협의 실상을 파악하고 「신세계질서」의 이상형을 예측하고 있다. 전쟁과 반전쟁에 관한 토플러의 방법론적 탁견은 전쟁을 예방하기 위한 평화적 해결책을 제시하고 미래사회의 문을 활짝 열어줄 것이다.

강대국의 흥망

폴 케네디 지음/이왈수, 전남석, 황건 옮김
양장/16,000원

역사학자이자 미국 예일대 교수인 저자는 강대국들의 흥망성쇠는 그들의 경제력과 군사력의 변화 추이에 의해서 좌우되어 왔다고 진단하면서 21세기에는 미국·소련·서유럽 등 기존 강대국이 쇠퇴하고 중국·일본 등 아시아 신흥강국들이 부상할 것이라고 예언한다.
〈뉴욕 타임스〉 선정 최우수 도서.

21세기 준비

폴 케네디 지음/변도은, 이왈수 옮김
양장/14,000원

우리에게 충격을 던졌던 《강대국의 흥망》의 저자 폴 케네디 교수가 다가올 21세기 문명세계의 각종 위기를 명쾌히 분석하고 그 대응방법에 대해 특유의 통찰력으로 분석·예견하고 있다.
격동하고 있는 지구촌을 역사가의 관점에서 조감하고 인류의 장래를 심도있게 파헤친 역작.

한국경제신문 한경BP의 베스트셀러

메가트렌드 2000

존 나이스비트 외 지음/김홍기 옮김
양장/9,800원

2000년대는 정치개혁과 경이적인 기술혁신 등으로 인류에게 지금까지와 전혀 다른 변화양상을 안겨줄 것이다. 이 책은 과거 어둡고 비관적인 세기말적 변화보다는 경제호전, 예술의 번영, 시장사회주의의 출현, 복지국가의 쇠퇴 등 밝고 새로운 흐름을 보여주고 있다.

메가트렌드 아시아

존 나이스비트 지음/홍수원 옮김
양장/9,500원

21세기에는 아시아가 미국주도의 상품과 소비시장에 가장 중요한 경쟁자로 떠오를 것이다. 저명한 미래예측가인 저자는 역동적으로 변화하는 아시아의 모습을 8가지 트렌드로 분석했다. 특히 한국에 나타나고 있는 폭넓은 변화와 앞으로의 역할도 살펴보고 있다.

하이테크 하이터치

존 나이스비트 지음/안진환 옮김
양장/15,000원

저자는 특유의 통찰력으로 소비재 기술과 유전자 기술에서부터 전자오락의 폭력성과 씨름하는 부모들의 골칫거리에 이르는 모든 것을 탐험하며, 과학·종교·군사·상업·정보·통신·예술·레저분야의 문제점과 변화양상을 적시하고 그 해결책과 대응책을 제시한다.

미래의 결단

피터 드러커 지음/이재규 옮김
양장/9,000원

현대 경영학의 대부, 피터 드러커는 이 책에서 「스스로를 다시 생각함으로써 회생할 수 있다」고 전제하고 기업의 5가지 치명적 실수, 가족기업을 경영하는 규칙, 대통령을 위한 6가지 규칙, 새로운 국제시장의 개발, 3가지 종류의 팀조직 등 바람직한 미래를 실현하기 위한 방안을 제시했다.

비영리단체의 경영

피터 드러커 지음/현영하 옮김
신국판/8,000원

선진국에서는 학교, 자선단체 등 비영리단체의 경영혁신이 선풍을 일으키고 있다. 이 책은 저자가 교수생활을 하면서 비영리단체에서 봉사했던 경험을 바탕으로 조직관리, 예산 등 경영전반에 대한 문제점을 심도있게 분석하고 개선방안을 제시했다.

21세기 지식경영

피터 드러커 지음/이재규 옮김
양장/13,000원

피터 드러커는 이 책에서 새로운 경영 패러다임이 경영의 원칙과 관련된 기본가정을 어떻게 변화시켜 왔는지, 또 어떻게 변화시킬 것인지에 대해 통찰하고 있다. 앞으로 수십년 동안, 아니 수년내에 틀림없이 일어날 여러 문제에 대처하지 못한다면 생존할 수 없다는 드러커의 마지막 경고!

시대를 앞서가는 이들의 선택

미래의 조직
피터 드러커 외 지음/이재규 옮김
양장/13,000원

당대 최고의 경영학자, 실무자, 컨설턴트가 참여한 이 책에는 미래 조직이 존속하고 번영하려면 조직과 리더가 어떻게 변해야 하는지 실질적인 조언을 하고 있다. 특히 정부, 기업, 사회단체 등 모든 인간조직의 미래모습에 대해 통찰력 있는 비전을 제시하고 있다.

자본주의 이후의 사회
피터 드러커 지음/이재규 옮김
양장/9,000원

사회주의권의 몰락 이후 탈냉전 분위기 속에서 향후 세계 변화가 주요 관심사로 떠오르고 있다. 저자는 자본주의적 시장구조와 기구는 존속되지만 주권국가의 통제력은 약화되고 전문지식을 갖춘 지식경영자 중심의 글로벌화 사회가 될 것으로 예측하고 있다.

미래기업
피터 드러커 지음/고병국 옮김
양장/9,500원

우리 시대의 가장 뛰어난 사회·경영학자이자 미래학자인 드러커의 「변혁시대 기업생존전략 연구서!」. 세계경제가 빠르게 바뀌어감에 따라 기업의 새로운 경영전략 모델, 즉 5가지 변화조건을 분석했다. 사회·경제학 시각에서 세계경제 흐름을 통찰한 역저.

자본주의 이후 사회의 지식경영자
피터 드러커 지음/이재규 옮김
양장/10,000원

새롭게 도래하고 있는 미래조직에서의 효과적인 의사결정방법, 경영자가 직면할 도전, 지식근로자의 생산성 향상을 위한 동기 부여에 대해 조언하고 있다. 저자의 탁월한 역사적 지식과 도덕적 상상력으로 지식 경영자의 책임과 자세를 제시한다.

21세기 리더의 선택
피터 드러커 외 지음/한근태 옮김
양장/15,000원

피터 드러커, 찰스 핸디 등 뛰어난 사상가들과 탁월한 리더들이 쓴 글을 모은 이 책은 지식사회를 이끄는 리더의 과제와 사명에 대한 것이다. 더불어 새로운 정보경제시대에 맞는 아이디어에 불을 붙이고 새 깃발을 올리고 갈증을 해소시켜 리더와 리더십에 관한 새로운 지평을 열어주고 있다.

피터 드러커 평전
-지식 르네상스인 피터 드러커

이재규 지음
신국판/9,800원

경영학의 아버지 피터 드러커의 삶과 학문을 추적함으로써 한 세기를 풍미한 그의 사상과 미래전망을 살펴볼 수 있다. 지식사회를 어떻게 살아야 하고 미래사회에 어떻게 대처해야 할 것인지 고뇌하는 이들이라면 꼭 읽어봐야 할 필독서.

한국경제신문 한경BP의 베스트셀러

20세기를 움직인 사상가들

기 소르망 지음/강위석 옮김
신국판/13,000원

20세기 사상계에 결정적인 영향을 끼친 사람들은 과연 누구인가? 프랑스의 저명한 경제학자이자 사회학자인 기 소르망이 29명의 생존해 있는 현대 최고의 사상가들과의 직접 인터뷰를 통해 그들 자신이 전생애를 바친 사상과 사색의 놀라운 통찰을 기록·정리했다.

자본주의 종말과 새 세기

기 소르망 지음/김정은 옮김
양장/13,000원

저자는 자본주의 체제를 위협하는 것은 「도덕적 불만」과 「자본주의에 대한 몰이해」라고 주장하고 러시아·중국·독일·인도 등 20여 개국의 자본주의의 현재 모습을 살펴보고 있다. 또한 현재의 자본주의의 위기를 극복하기 위한 구체적인 방안에 대해서도 통찰하고 있다.

열린 세계와 문명창조

기 소르망 지음/박 선 옮김
양장/13,000원

기 소르망은 서로 다른 문화가 충돌하는 유럽, 러시아, 중국, 일본, 아프리카, 라틴아메리카의 국경으로 우리를 이끈다. 통독 이후의 문제, 북한의 실상(본문의 「아홉번째 여행」 참조)과 우리의 미래, 미국화로 상징되는 맥몽드(McMonde)의 악몽 속에서 대응법을 찾아보자.

경영창조

톰 피터스 지음/이왈수 옮김
양장/9,000원

치열한 경쟁 속에서 기업이 슬기롭게 대처하려면 어떻게 해야 하는가? 저자는 다른 기업과 두드러진 차별성을 갖고 시장과 고객 앞에 나서야 한다고 처방한다. 기업이 안팎의 변화에 맞서 어떤 방법과 발상으로 접근해야 하는가에 대한 210개 항목이 기업 경영창조의 새로운 길을 열어준다.

경영파괴

톰 피터스 지음/안중호 옮김
양장/8,500원

이제 리스트럭처링·리엔지니어링으로는 급변하는 시대를 이길 수 없다. 기업의 조직은 상상을 초월하는 혁신적인 네트워크형이 되어야 한다. 세계적 경영컨설턴트인 저자가 번득이는 아이디어로, 경영자들이 재창조와 혁명을 향해 전진할 수 있도록 혁신방안을 제시한다.

경영혁명

톰 피터스 지음/노부호 옮김
양장/13,000원

정보화사회는 불확실성이 심화된 사회로 기업경영의 경기규칙과 새로운 경영스타일 등 생존을 위한 변화는 가히 혁명적이라 할 수 있다. 이 책은 전통적 사고에 도전하고 조직이 사람을 위해 존재할 수 있도록 변화를 유도하는 45가지 경영 실천전략을 제시한 기업경영자의 '비즈니스 핸드북'이다.

시대를 앞서가는 이들의 선택

혁신경영

톰 피터스 지음/이진 옮김
양장/15,000원

이 책은 혁신의 순환을 이루는 15개의 불연속적인 아이디어를 독특한 방식으로 설명하고 있다. 저자는 지속적으로 혁신을 추구할 수 있도록 극단적이지만, 실용성 있는 가이드 라인을 제시한다. 혁신이야말로 개인과 조직이 살아남는 최후의 생존전략이 될 것이다.

트러스트

프랜시스 후쿠야마 지음/구승회 옮김
양장/12,000원

한 나라의 경제는 규모만으로는 설명될 수 없다. 사회적 자본이 중요하며 그 핵심이 바로 신뢰다. 저자는 이 책에서 개인주의, 가족주의에 기반을 둔 저신뢰 사회의 특성을 혹독하게 비판하면서 신뢰는 경제와 사회, 문화를 아우르는 놀라운 가치라고 강조한다.

대붕괴 신질서

프랜시스 후쿠야마 지음/한국경제신문 국제부 옮김/양장/16,000원

산업사회에서 정보화사회로의 이행과정에서 나타나는 질서의 붕괴와 정신의 퇴폐는 인류사회에 필연적으로 「대붕괴」를 불러오고 있다. 이 현상은 언제까지 계속될 것이며 우리에게 남겨진 선택지는 무엇인가. 《역사의 종말》《트러스트》저자의 놀라운 탁견!

코피티션

배리 J. 네일버프 · 아담 M. 브란덴버거 지음/김광전 옮김/양장/9,000원

비즈니스 게임은 끊임없이 변하므로 전략도 당연히 변해야 한다. 경쟁(competition)과 협력(cooperation), 양자의 장점을 결합한 코피티션 전략은 기존의 비즈니스 게임을 혁신할 혁명적인 신사고다. 저자들은 게임 자체를 변화시켜 이득을 최대화하는 5가지 요소의 비즈니스 전략을 제시했다.

편집광만이 살아남는다

앤드류 그로브 지음/유영수 옮김
양장/10,000원

인텔 불패 신화의 주인공, 앤드류 그로브의 경영과 인생! 경쟁에서 이기기 위한 키워드「편집광」에 주목하라. 예리한 판단력과 관찰력을 겸비한 그로브는 첨단산업을 경영하는 데 필요한 자세와 방법에 대해 자세히 설명하고 있다. 〈퍼블리셔스 위클리〉, 〈뉴욕 타임스 북 리뷰〉 장기간 베스트셀러!

리스크
―리스크 관리의 놀라운 이야기

피터 번스타인 지음/안진환 외 옮김
양장/12,000원

현대 경영에서 빼놓을 수 없는 리스크 관리. 리스크를 이해하고 측정하며 그 결과를 가늠하는 방법을 밝혀내기 위한 인류의 노력은 눈물겹다. 그리스시대부터 현재까지 다양한 위기의 순간들과 이를 헤쳐나가는 과정을 역사와 철학, 경제학 관점에서 돌아보았다.

한국경제신문 한경BP의 베스트셀러

주식시장 흐름 읽는 법

우라가미 구니오 지음/박승원 옮김
신국판/5,500원

무질서하고 예측이 불가능해 보이는 주식시장도 장기적으로 보면 특정한 네 개의 국면을 반복하고 있다. 이 책은 이 네 개의 국면이 어떻게 순환되고 어떤 종목이 활약하는지 알 수 있는 안목을 제시해주고 주식투자시 리스크를 피하는 방법에 대해서도 설명하고 있다.

월가 천재소년의 100가지 투자법칙

멧 세토 지음/형선호 옮김
신국판/8,500원

10대 천재소년 멧 세토가 세운 뮤추얼 펀드의 연간 수익률은 단연 압도적이다. 17세에 억대 부자가 된 멧 세토가 100가지의 성공적인 주식투자 비법을 소개한다. 신선하고 반짝이는 그의 투자전략은 초보자들도 쉽게 이해할 수 있다.

증시테마 알아야 주식투자 성공한다

안창희 지음
신국판/9,800원

이 책은 주식투자자들이 어떤 상황에서 어떤 종목을 사고 팔아야 수익을 올릴 수 있는지 그 구체적인 방법을 제시하고 있다. 더불어 투자이론이 실제로 어떻게 적용되고, 앞으로 전개될 상황에서는 어떻게 대응해야 할지 분석했다.

주식@살 때와 팔 때

한국경제신문 증권부 지음
신국판/값 9,000원

증권투자는 사는 기술이 아니라 파는 예술이다. 기관투자가를 두려워할 필요는 없다. 한두번의 실패는 최후의 성공을 위한 수업료일 뿐. 한국경제신문 증권부가 개인투자가들을 지원하기 위해 펴낸 이 책을 통해 확실한 주식투자 성공의 길을 찾아보자. 10만 독자가 읽은 초대형 베스트셀러!

선물 옵션을 알아야 주식투자 성공한다

김용 지음
신국판/9,000원

이 책은 실제 매매에서 많이 부딪히는 상황에 대한 지표 분석과 선물, 옵션 투자의 기본원칙, 투자전략, 실전연습, 과거시장의 움직임을 차트화해 실어 초보자들이 실제 파생금융상품 시장에서 이루어지는 매매거래에 도움을 줄 수 있도록 했다.

시스템 트레이딩 가이드

정영근, 신흥증권 사이버전략부 지음
변형 4×6배판/15,000원(CD포함)

시스템 트레이딩은 주어진 가격과 거래량을 다양하게 조합함으로써 독창적인 사용자지표와 거래시스템을 이용, 거래하는 과학적 투자 기법이다. 이 책은 컴퓨터가 최적의 매매 타이밍을 잡아주고 시장의 위험을 알려주는 시스템 트레이딩의 방법과 요령에 대한 모든 것이 실려 있다.

시대를 앞서가는 이들의 선택

**만화로 배우는
선물시장 흐름 읽는 법**

현대선물 지음
신국판/7,500원

이제 선물을 모르고는 주식, 채권 등 투자를 제대로 할 수 없다. 그 동안 어렵게만 느껴졌던 선물거래를 이해하기 쉽도록 만화로 꾸몄다. 선물거래의 기본개념에서부터 선물거래의 실전투자까지 재미있는 스토리를 곁들여 설명했다.

알면 대박 모르면 쪽박
-〈나홀로 증권투자〉최신 종합편

박현철 글, 그림
신국판/8,000원

바둑에서도 수백 가지의 정석을 알고 있으면 승리할 수 있듯이 주식투자에서도 기본 정석으로 무장한다면 어느 상황에서건 자신 있게 대처할 수 있다. 기본을 모르고서는 주식투자는 절대 금물! 이 책에서 그 기본을 확실히 다질 수 있다.

**알기 쉽게 풀어쓴
새노동법 해설(전면개정판)**

윤욱현 지음
신국판/19,000원

2001년 7월까지 새롭게 개정된 노동법의 모든 것을 알기 쉽게 정리한 책. 현장에서 체험한 노사간의 문제점들을 살펴보고 개정 노동법 전반을 알기 쉽게 해설했다. 해당 법의 예시, 판례, 행정해석을 풍부히 실어 이해를 돕는다.

실전 부동산경매

전철 지음
신국판/값 12,000원

등기부 읽는 법에서부터 물건 고르는 법 등 부동산 경매에 관한 전반적인 원리를 단 하루면 마스터할 수 있도록 알기 쉽게 설명했다. 특히 실전사례별 경매방법을 체계적으로 정리한 것이 특징이며, 경매 정보의 수집에서부터 법령 해설, 등기소 현황 같은 상세한 사항까지 두루 망라했다.

**나는 부동산 리모델링으로
3억 벌었다**

최문섭, 주택저널 지음
신국판/12,000원

부동산시장에서 새롭게 떠오르고 있는 리모델링에 대한 모든 것을 정리한 가이드북. 부동산 리모델링에 대한 개념부터 절차, 수익성 분석, 투자방법에 이르기까지 체계적으로 정리하여 부동산 리모델링을 통해 돈을 벌고자 하는 이들에게 완벽한 길잡이가 될 것이다.

골프란 무엇인가

김흥구 지음
양장/11,000원

세계에서 가장 쉽고 재미있는 골프책을 목표로 연애소설을 쓰듯이 재미있게 쓴 책이다. 80대 초반 군히기, 70대 진입하기 등 현 수준에서의 구체적 도약 방법이 설명된다. 완결편은 통계나 속성 차원에서 접근한 상당한 수준의 골프 분석이다. 입문자와 프로골퍼 모두 재미있게 읽을 수 있다.

한국경제신문 한경BP의 베스트셀러

통쾌한 경제학

김덕수 지음/신경무 그림
신국판/값 9,000원

「한국적 경제학」의 새로운 지평을 연다는 목표로 우리 주변의 익숙한 사례를 찾아 숨겨진 경제원리를 쉽고 재미있게 풀어쓴 경제 이야기. 각종 도표는 물론 재미있는 유머와 경제상식, 그리고 조선일보 신경무 시사만화가의 삽화까지 곁들여 쉽고 재미있게 읽을 수 있다.

누가 경영을 말하는가

존 미클스웨이트, 에이드리언 울드리지 지음/ 박병우 옮김/양장/15,000원

때론 변덕스럽고 모순되기도 한 경영학 권위자들의 이론들. 〈이코노미스트〉 편집인인 두 저자는 혼란스러운 현대 경영이론을 철저히 분류해 그들 말 속의 핵심을 다시 정리했다. 누구나 이해하기 쉽도록 평이한 언어로 맹목적인 경영이론 추종의 위험성을 경고한다.

B2B

아서 스컬리, 윌리엄 우즈 지음/ 안경태 옮김/양장/12,000원

인터넷이 발달하면서 B2B 또한 기업의 모든 것을 바꾸며 나날이 시장을 넓히고 있다. 이 책에서는 기존의 성공적인 B2B 익스체인지로부터 끌어낸 사례를 통해 B2B의 정의와 성공모델을 살펴보고 있다. 앞으로의 기업모델을 송두리째 바꿀 B2B전략의 완벽 교본.

당신이 꿈꾸는 인터넷세상
월드와이드웹

팀 버너스리 지음/우종근 옮김
신국판/9,500원

현대생활의 양상을 극적으로 바꾸어놓은 월드와이드웹(www). 이 책은 창시자인 팀 버너스리가 웹이 만들어지기까지의 과정에 얽힌 이야기들을 최초로 공개한 책이다. 웹이 지닌 잠재적인 가능성 및 혁명적인 미래상 등 네티즌이라면 반드시 읽어봐야 할 필독서!

카리스마 VS 카리스마
이병철·정주영

홍하상 지음
신국판/9,000원

이 책은 한국 재계의 큰 별이라는 화려한 조명 뒤에 숨겨진 이병철과 정주영 두 거인의 진솔한 이야기를 담고 있다. 정주영의 할 수 있다는 도전 정신, 이병철의 치밀하고 꼼꼼한 분석과 판단력은 오늘의 우리에게 교훈과 용기를 고취시켜 준다.

아젠다
-기업혁신을 위한 21세기 행동강령

마이클 해머 지음/최준명 감역/ 김이숙 옮김/신국판/15,000원

'리엔지니어링'의 창시자, 마이클 해머가 제안하는 기업 생존의 새로운 길! 최고의 기업들이 급변하는 경영환경에서 살아남기 위한 방법의 기초가 되는 아홉 가지 비즈니스 개념을 조명한다. 미래의 기업 변화상을 꿰뚫어보려는 비즈니스맨들의 필독서.